UNESCO

WELTERBE

WHITE STAR VERLAG

UNESCO
WELTERBE

Texte
ELENA LURAGHI

Redaktionelle Leitung
VALERIA MANFERTO DE FABIANIS

Layout
PAOLA PIACCO

Redaktionelle Koordination
LAURA ACCOMAZZO
VALENTINA GIAMMARINARO

2-3 • Der Mount Everest im ist der höchste Gipfel der Erde.

4-5 • Piazza San Marco, der trapezförmige Markusplatz in Venedig, ist einer der bedeutendsten Plätze Italiens.

9 • Auf der nordfranzösischen Insel Mont Saint-Michel thront das dem Erzengel Michael geweihte Kloster.

10-11 • Der Grand Canyon (USA) erreicht eine Tiefe von bis zu 1600 Metern.

12-13 • Der Potala-Palast in Lhasa, benannt nach Potala, dem *reinen Land* des Avalokiteshvara, Bodhisattva des Mitgefühls, liegt 3700 Meter über dem Meeresspiegel.

14-15 • Salvador da Bahia, von 1549 bis 1763 Hauptstadt Brasiliens, besitzt eine der schönsten Altstädte Südamerikas.

16-17 • Die Küstenregion bei Seaton Bay in der englischen Grafschaft Devon wird aufgrund ihrer außergewöhnlichen geologischen Formationen Jurassic Coast genannt.

„**Den Frieden** in den Köpfen der MÄNNER und FRAUEN zum Wachsen bringen. Um beständig zu, SEIN muss der Frieden in uns allen tief verankert sein- nur **so werden wir zu** seinen natürlichen Botschaftern".

INHALT

UNESCO
WELTERBE DER MENSCHHEIT

Einleitung

WÄHREND SIE DURCH DIESES BUCH BLÄTTERN, GIBT ES WELTWEIT ETWA TAUSEND STÄTTEN, DIE VON DER UNESCO ZUM WELTERBE DER MENSCHHEIT ERKLÄRT WURDEN. DAVON SIND DIE MEISTEN ALS KULTURERBE EINGESTUFT, ANDERE ALS NATURERBE ODER „GEMISCHTE" STÄTTEN, SO TAI SHAN IN CHINA, DER BEDEUTENDSTE DER HEILIGEN BERGE DES DAOISMUS, ODER DIE AN EINE MONDLANDSCHAFT ERINNERNDE GEBIRGSKETTE VON TASSILI N'AJJER IN ALGERIEN.

ERST SEIT KURZEM MIT VON DER PARTIE SIND RIO DE JANEIRO IN BRASILIEN, RABAT IN MAROKKO, DIE ALTSTADT VON GRAND-BASSAM IN DER REPUBLIK ELFENBEINKÜSTE, DAS MARKGRÄFLICHE OPERNHAUS IN BAYREUTH, DIE AUF PALÄSTINENSISCHEM BODEN STEHENDE GEBURTSKIRCHE IN BETHLEHEM.

DIE LÄNDER MIT DEN MEISTEN WELTERBESTÄTTEN AUF DER LISTE SIND ITALIEN, SPANIEN UND CHINA. ABER AUCH WENN VIELE LÄNDER NUR EIN WELTERBE HABEN, WIE BOTSWANA, KAP VERDE, DER TSCHAD ODER DIE DOMINI-

• Die Wurzeln einer Würgefeige umranken den Kopf einer Buddhafigur in Ayutthaya (Thailand), der alten Hauptstadt des Siamreiches, heute Ausgrabungsstätte und seit 1991 auf der UNESCO-Welterbeliste.

Einleitung

KANISCHE REPUBLIK, STEHT DESSEN BEDEUTUNG DEN ANDEREN IN KEINER WEISE NACH. DENN DIESE LISTE IST KEINE RANGLISTE UND SIE GEHT WEIT ÜBER DAS JEWEILIGE PRESTIGE HINAUS, DAS EIN EINZELNES LAND AUFGRUND DER MEHR ODER WENIGER GROßEN ZAHL ANERKANNTER STÄTTEN GENIEßT. UM DIE HINTERGRÜNDE DIESER LISTE ZU VERSTEHEN, MUSS MAN EIN WENIG ZURÜCKBLICKEN. 1945, KURZ NACH DEM ENDE DES ZWEITEN WELTKRIEGS, VERSAMMELTEN SICH DIE VERTRETER VON 44 STAATEN ZUR GRÜNDUNG EINER ORGANISATION, DIE SICH ZUM ZIEL GESETZT HATTE, EINE KULTUR DES FRIEDENS ANZUSTREBEN UND ZU FÖRDERN. AM 16. NOVEMBER 1945 WIRD DIE PRÄAMBEL DER VERFASSUNG DER UNESCO (UNITED NATIONS EDUCATIONAL, SCIENTIFIC AND CULTURAL ORGANIZATION) UNTERZEICHNET, DIE EIN JAHR SPÄTER AM 4. NOVEMBER IN KRAFT TRITT. DIE KONVENTION ZUM SCHUTZ DES KULTUR- UND NATURERBES DER WELT ALLERDINGS WIRD ERST IM JAHR 1972 VERABSCHIEDET. DARIN IST FESTGEHALTEN, DASS ES BAUWERKE UND LANDSCHAFTEN VON SOLCH AUßERGEWÖHNLICHER BEDEUTUNG GIBT, DASS SIE NICHT ALS EXKLUSIVES KULTURGUT EINES EINZELNEN STAATES BETRACHTET WERDEN DÜRFEN: DER ENTSCHEIDENDE SCHRITT, UM DIE GROßE FAMILIE UN-

Einleitung

TER SCHUTZ STEHENDER STÄTTEN ZU SYSTEMATISIEREN UND DIE GRUND-
PFLICHTEN DER DEM KOMITEE ANGEHÖRENDEN MITGLIEDSTAATEN ZU UM-
REIßEN. HISTORISCH, KÜNSTLERISCH, ARCHITEKTONISCH ODER ARCHÄOLO-
GISCH BEDEUTSAME BAUWERKE UND STÄTTEN WERDEN ZUM KULTURERBE;
ZUM NATURERBE DAGEGEN WERDEN PHYSIKALISCHE UND BIOLOGISCHE ER-
SCHEINUNGSFORMEN, DIE VON BESONDERER ÄSTHETISCHER ODER WISSEN-
SCHAFTLICHER BEDEUTUNG SIND; BEI DEN „GEMISCHTEN" DAGEGEN SPIELT
SOWOHL DIE NATUR ALS AUCH MENSCHLICHES EINGREIFEN EINE ROLLE.
EINFACH IST ES NICHT, IN DIE LISTE DES WELTERBES AUFGENOMMEN ZU WER-
DEN, DENN DAZU MÜSSEN BESTIMMTE VON DER UNESCO AUFGESTELLTE KRI-
TERIEN ERFÜLLT SEIN: DER DEN ANTRAG STELLENDE MITGLIEDSTAAT ERSTELLT
EINE VORSCHLAGSLISTE DER INFRAGE KOMMENDEN STÄTTEN. DAZU GEHÖRT
AUCH EIN DETAILLIERTES PROGRAMM MIT DEN VORGESEHENEN SCHUTZ- UND
ERHALTUNGSMAßNAHMEN SOWIE DIE EINRICHTUNG ODER FORTENTWICK-
LUNG STAATLICHER ODER REGIONALER AUSBILDUNGSZENTREN ZUR BEWAH-
RUNG, ERHALTUNG UND AUFWERTUNG DES KULTURERBES. ABER AUCH DIE
WEITERE ENTWICKLUNG EINES SCHUTZGEBIETES ODER BAUWERKS, DAS NUN

Einleitung

KEIN TERRITORIALES GUT MEHR IST, GEHT ÜBER STAATSGRENZEN HINAUS UND WIRD TEIL EINES ÜBERSTAATLICHEN SYSTEMS. SEIN SCHUTZ LIEGT NUN NICHT MEHR IN DER VERANTWORTUNG DES JEWEILIGEN LANDES, SONDERN IN DER HAND DER GESAMTEN WELTGEMEINSCHAFT. ES IST NUN EIN WELTERBE.

SO VIEL ZUR AUFNAHME, UND EIN AUSSCHLUSS? JEDE STÄTTE IST EINEM RE-GELMÄßIGEN MONITORING UNTERWORFEN. SIND BESTIMMTE KRITERIEN NICHT ERFÜLLT, DROHT DIE ROTE LISTE FÜR GEFÄHRDETES WELTERBE ODER SOGAR DER AUSSCHLUSS. DAS PASSIERT SELTEN, ABER ES PASSIERT. FAKTO-REN, DIE DAZU FÜHREN, AUF DIE ROTE LISTE ZU KOMMEN, SIND NATURKATA-STROPHEN, UNKONTROLLIERTE BEBAUUNG, KRIEGERISCHE AUSEINANDER-SETZUNGEN, KLIMAVERÄNDERUNGEN UND SOGAR DER TOURISMUS, DER IN FÄLLEN EMPFINDLICHER ÖKOSYSTEME ZU EINER BEDROHUNG WERDEN KANN, SO GESCHEHEN AUF DEN GALAPAGOSINSELN (DIE GLÜCKLICHERWEI-SE MITTLERWEILE NICHT MEHR BEDROHT SIND). BEIM MONITORING SETZEN UNESCO UND USGS (UNITED STATES GEOLOGICAL SURVEY) AUCH SATELLITEN ZUR ÜBERWACHUNG VOM HIMMEL AUS EIN. EIN ERGEBNIS DER MAßNAHMEN IST EIN ATLAS MIT DEN GEFÄHRDETEN WELTERBESTÄTTEN: „FROM SPACE TO

Einleitung

PLACE: AN IMAGE ATLAS OF WORLD HERITAGE SITES ON THE ‚IN DANGER‘ LIST". VOM ALL, ODER ZUMINDEST VOM HIMMEL AUS, KÖNNEN DANK EINER ZUSAMMENARBEIT MIT GOOGLE IM WORLD WONDERS PROJECT VIELE WELT-ERBESTÄTTEN ONLINE BETRACHTET WERDEN. SO KANN MAN SICH JEDERZEIT PER MAUSKLICK EINEN EINDRUCK VERSCHAFFEN. ES HANDELT SICH DABEI UM EINE ART STREET VIEW DER BAUWERKE, MIT RUNDUMFOTOGRAFIEN, VON DER UNESCO ERSTELLTEN INFOTAFELN, VIDEOS, 3-D-MODELLEN SOWIE EI-NEM VIRTUELLEN, SICH DREHENDEN GLOBUS, DER DIE LAGE DER AUSGE-WÄHLTEN STÄTTE IN ECHTZEIT VISUALISIERT. TECHNOLOGIE IM DIENSTE DER VERGANGENHEIT. UND DAZU – WARUM AUCH NICHT – EINE SCHÖNE SPIELEREI.

Die WUNDER der NATUR

● Die Iguazú-Wasserfälle an der Grenze zwischen Brasilien und Argentinien gelten als eines der sieben Weltwunder der Natur.

EINLEITUNG Die Wunder der Natur

Berge, canyons, unterwasserparadiese, nationalparks, wälder, seen. Aber auch inseln, fjorde, lagunen, wüsten, steppen, vulkane … die von der unesco als weltnaturerbe erklärten gebiete sind poesien, die für sich selbst sprechen. Hier sind die protagonisten nicht von menschen geschaffene werke, sondern die natur selbst, die blätter in den bäumen, das wasser der meere, die bewohner der unterwasserwelt. Es sind welten, in denen nicht die bauwerke sprechen, sondern gerüche, schroffe felswände, tosende wasserfälle … Auf diesem planeten findet sich eine ungeheure vielfalt von lebensräumen. Einige davon sind in der ganzen welt berühmt, wie das australische great barrier reef, heimat der weltweit größten konzentration an verschiedensten korallenarten (etwa 400), fischarten (1500), muscheln und weichtieren (4000) sowie einiger tierarten, die vom aussterben bedroht sind, wie das dugong oder die suppenschildkröte. Andere sind weniger bekannt, aber deshalb nicht weniger spektakulär, beispielsweise der

EINLEITUNG Die Wunder der Natur

DINOSAURIERPARK IN DER KANADISCHEN PROVINZ ALBERTA, „GEDENK-STÄTTE" EINES DER GRÖSSTEN FOSSILIENFUNDE DIESER RIESIGEN, VOR ETWA 75 MILLIONEN VON JAHREN LEBENDEN REPTILIEN.

ODER DER BIALOWIEZA-NATIONALPARK ZWISCHEN POLEN UND WEISSRUSS-LAND, BALTIKUM UND SCHWARZEM MEER, DER ALS LETZTER URWALD AUF DEM „ALTEN KONTINENT" GILT UND TIEREN WIE WOLF, LUCHS, FISCHOTTER UND DEN SELTEN GEWORDENEN WISENTEN ZUFLUCHT BIETET.

WÄHREND EUROPA IM HINBLICK AUF KULTURDENKMÄLER UND BAUWERKE DEN REKORD HÄLT, SO KONZENTRIEREN SICH DIE VON DER UNESCO ANER-KANNTEN „GRÜNEN" PERLEN IN DER UNENDLICHEN GEOGRAFISCHEN WEITE RUSSISCHER UND AMERIKANISCHER LANDSCHAFTEN. DER YELLOWSTONE-NATIONALPARK IN DEN USA, 9000 QUADRATKILOMETER GEBALLTE NATUR-VIELFALT, SCHUTZGEBIET VON GRIZZLYBÄREN UND BISONS, WAPITI UND WÖLFEN, HAT MIT MEHR ALS 300 GEYSIREN DIE HÖCHSTE KONZENTRATION AN HEISSEN QUELLEN, DIE JEMALS REGISTRIERT WURDE. DER GRAND CANYON, DIE MUTTER ALLER SCHLUCHTEN, ERGEBNIS DER SEIT SECHS MILLIONEN

EINLEITUNG Die Wunder der Natur

JAHREN WIRKENDEN EROSIONSKRÄFTE DES COLORADO, BIETET EINEN 1600 METER TIEFEN QUERSCHNITT IN DIE ERDOBERFLÄCHE, DEN JÄHRLICH DURCH- SCHNITTLICH FÜNF MILLIONEN BESUCHER BESTAUNEN. DAGEGEN FINDEN WIR IN DER ABGESCHIEDENHEIT SIBIRIENS DEN ÄLTESTEN UND TIEFSTEN SÜß- WASSERSEE DES PLANETEN. DER BAIKALSEE ENTSTAND VOR MEHR ALS 25 MILLIONEN JAHREN UND GILT ALS WELTERBE AUFGRUND SEINER „AUßERGEWÖHNLICHEN VIELFALT AN ENDEMISCHEN TIER- UND PFLANZEN- ARTEN … ER IST VON HERAUSRAGENDER WISSENSCHAFTLICHER BEDEUTUNG … UND FASST 20 PROZENT DER NICHT IN EIS GEBUNDENEN SÜßWASSERRESERVEN DER WELT". UNTER DEM SCHUTZ DER UNESCO STEHEN AUCH REGIONEN WIE CAPE FLORAL IN SÜDAFRIKA, EINES DER SECHS „FLORENREICHE" DER ERDE. DORT GEDEIHEN SELTENE PFLANZEN WIE DER FYNBOS, EINE BESONDERE STRAUCHVEGETATION, DIE TYPISCH IST FÜR DIESEN KÜSTENABSCHNITT VOR KAPSTADT. AN INSELN SIND KLEINE RARITÄTEN WIE DAS ZUR REPUBLIK DER SEYCHELLEN GEHÖRENDE ATOLL ALDABRA ZU NENNEN: VIER KORALLEN- INSELN RINGS UM EINE BLAUE LAGUNE, IN DER DIE WELTWEIT GRÖßTE

EINLEITUNG Die Wunder der Natur

POPULATION AN ALDABRA-RIESENSCHILDKRÖTEN LEBT. PARALLEL ZUR WELT-ERBELISTE HAT DIE UNESCO DAS PROGRAMM MENSCH UND BIOSPHÄRE INS LEBEN GERUFEN. IN DEN AUSGEWIESENEN BIOSPHÄRENRESERVATEN GEHT ES DARUM, UNTER EINBEZIEHUNG DER DORT LEBENDEN MENSCHEN LÖSUNGEN FÜR EINE NACHHALTIGE ENTWICKLUNG DIESER REGION ZU ERARBEITEN. UND SEIT 2001 GILT AUCH EINE KONVENTION FÜR DEN SCHUTZ DES KULTURERBES UNTER WASSER – OB RESTE ALTER ZIVILISATIONEN ODER VERSUNKENE SCHÄTZE IN SCHIFFSWRACKS. SCHÄTZE, DEREN ZERBRECHLICHER NACHLASS GEFAHR LÄUFT, DURCH ZUNEHMENDEN TOURISMUS UND VERMEHRTE PLÜNDEREIEN VERNICHTET ZU WERDEN. ALL DIESE INITIATIVEN SIND AUF EIN EIN-ZIGES ZIEL AUSGERICHTET: DIE WUNDER DIESES PLANETEN IN ALL IHREN FORMEN UND ERSCHEINUNGEN SO LANGE WIE IRGEND MÖGLICH ZU BEWAHREN. JE MEHR EINBLICK WIR IN DIE ZUSAMMENHÄNGE DER NATUR BE-KOMMEN, DESTO EHER BEGREIFEN WIR IHRE UNGLAUBLICHE VIELFALT. UND GENAU DAZU LEISTET DIE WORLD HERITAGE LIST, DIESES GROSSARTIGE BUCH ÜBER DIE SCHÄTZE DER MENSCHHEIT UND DER NATUR, EINEN GROSSEN BEITRAG.

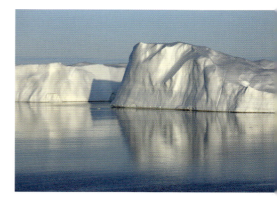

● Die Gletscher im Ilulissat-
Eisfjord in der Diskobucht auf
Grönland wirken wie Skulpturen.

● Der Nationalpark von Thingvellir in Island liegt in einer vulkanisch aktiven Region. Seit 2004 gehört er zum Weltnaturerbe.

Lappland erstreckt sich über mehrere nordeuropäische Länder von Norwegen über Schweden und Finnland bis Russland. Die Urbevölkerung dieser Region sind die Samen.

Das Polarlicht, eines der beeindruckendsten Naturspektakel unseres Planeten, zeigt sich in verschiedenen Gebieten an den beiden Erdpolen und in Lappland.

Der Giant's Causeway ist eines der großen Naturspektakel Irlands: etwa 40 000 um die 60 Millionen Jahre alte Basaltsäulen erreichen Höhen von bis zu zwölf Metern.

48 und 48-49 ● Der Nationalpark Coto de Doñana in Andalusien (Spanien) weist eine große Vielfalt an verschiedenen Ökosystemen und Tierarten auf, darunter Tausende von Vogelarten.

50-51 ● Die Dolomiten in den südlichen Ostalpen umfassen verschiedene Gebirgsgruppen. Das Bild zeigt die Rosengartenspitze und rechts davon die Vajolet-Türme.

● Die zu den berühmtesten Dolomitengipfeln gehörenden Drei Zinnen sind ein sehr beliebtes Ziel für Kletterer.

Der Nationalpark Plitvicer Seen ist der größte in Kroatien. Zum Schutzgebiet gehören 20 Seen und zahllose Wasserfälle und Höhlen.

● Im Donaudelta leben 300 Vogelarten. Hinzu kommen Millionen von Vögeln, die zum Brüten aus dem gesamten Mittelmeerraum sowie aus Nordeuropa, Asien und Afrika hierherkommen.

Wadi Al-Hitan gehört zu den faszinierendsten Landschaften der Westlichen Wüste Ägyptens. Das Tal ist mit seinen fossilen Funden von enormer Bedeutung für die Evolutionsgeschichte.

Bis auf die nördlichste, zu Äthiopien gehörende Spitze liegt der Turkana-See im kenianischen Rift Valley.

Der Nationalpark Virunga in der Demokratischen Republik Kongo wurde 1925 zum Schutz der Berggorillas eingerichtet.

64 • Die Serengeti weist eine hohe Konzentration an Pflanzenfressern auf, darunter etwa 4000 Giraffen.

64-65 • Die Nationalpark Serengeti in Tansania, eines der größten Schutzgebiete des Kontinents, bietet Lebensraum für Tausende von Pflanzenfressern wie Gnus und Zebras.

66-67 • An Raubtieren wurden in der Serengeti 4000 Löwen, 1000 Leoparden und 225 Geparden gezählt.

● Der Kilimandscharo ist mit einer Höhe von 5895 Metern das höchste Bergmassiv Afrikas. Dieser seit Langem nicht mehr aktive Vulkan liegt im nordöstlichen Tansania.

• Der in Tansania
liegende Ngorongoro
ist ein Vulkankrater mit
einem Durchmesser
von mehr als
16 Kilometern.

● Der Nakurusee in Kenia, einer der Sodaseen im Ostafrikanischen Rift Valley, bietet den hier lebenden Flamingos einen üppigen Nahrungsvorrat an Algen.

● Das Wildreservat Selous in Tansania, durch das der etwa 600 Kilometer lange Rufiji fließt, ist gekennzeichnet durch die höchste Konzentration an typischen Savannentieren (Elefanten, Flusspferde, Krokodile, um nur einige zu nennen).

Die an der Grenze zwischen Sambia und Simbabwe liegenden Victoriafälle bilden eine 1,7 Kilometer lange Wasserfront.

Eine Wüste mit Flüssen, Bergen und seltenen Pflanzenarten: Der Nationalpark Richtersveld in Südafrika.

- Der iSimangaliso-Wetland-Park
mit seinem immensen
Feuchtgebiet war das
erste südafrikanische
Naturschutzgebiet,
das in die Welterbeliste
aufgenommen wurde.

82 und 82-83 ● Im iSimangaliso-Wetland-Park leben viele verschiedene Tierarten. Der Park ist das drittgrößte Schutzgebiet Südafrikas und erstreckt sich über 280 Küstenkilometer.

84-85 ● Die Drakensberge, deutsch Drachenberge, erstrecken sich über Südafrika und Lesotho. In den mehr als 3400 Meter hohen Bergen entspringen zahlreiche Flüsse.

Das Besondere am Nationalpark Tsingy de Bemaraha auf Madagaskar sind die geisterhaften Kalksteinformationen, die Tsingy. Ein steinerner Wald mit einem Labyrinth aus Grotten.

Das Atoll Aldabra (Seychellen) im Indischen Ozean ist die Heimat der größten Population von Riesenschildkröten weltweit.

Das in Jordanien liegende Wadi Rum ist eine der kleinste Wüsten der Welt. Hier fand Lawrence von Arabien die Inspiration für sein Buch *Die sieben Säulen der Weisheit*.

● Der zum Sagarmatha-Nationalpark gehörende Gipfel des Nuptse in Nepal ist einer der gewaltigen Gipfel der Khumbu-Region des Himalaja.

Der Huang Shan, eine Gebirgsgruppe im östlichen China, wurde mit seinen bizarren Granitgipfeln auf unzähligen Bildern verewigt.

In den verschiedenen Schutzgebieten der chinesischen Provinz Sichuan leben etwa 30 Prozent aller Pandabären der Welt.

● Das Naturschutzgebiet Jiuzhaigou, wörtlich „Tal der neun Dörfer", ist eine der schönsten Berglandschaften Chinas. Berühmt ist sie für ihre Wasserfälle, Seen und die schneebedeckten Gipfel.

Die Halong-Bucht in Vietnam ist ein Mosaik aus 1600 kleinen Inseln und Felsen mit zahllosen Höhlen und Buchten.

● Das Gebiet Phong Nha-Ke Bang in Vietnam, heute Nationalpark, geht zurück in das Paläozoikum und weist eindrucksvolle Höhlen und unterirdische Flüsse auf.

● Die indonesische
Insel Komodo ist einer
der wenigen Orte der
Erde, wo der
gleichnamige
Komodowaran
beheimatet ist.

● Der Shiretoko-Nationalpark liegt in einer der unberührtesten Gebiete Japans. Der Name bedeutet „Ende der Erde".

Die Meeresbucht Shark Bay im westlichen Australien ist einer der ursprünglichsten Orte nicht nur des Kontinents, sondern des gesamten Planeten.

Die Whitsunday Islands, 74 zur Great Barrier Reef World Heritage Area gehörende Inseln, liegen zwischen der Ostküste von Queensland in Australien und dem Great Barrier Reef.

112 • Das vor der Ostküste Australiens liegende Great Barrier Reef besteht aus knapp 3000 Einzelriffen und ist eines der sieben Weltwunder der Natur.

113 • Ein großer Teil des Korallenriffs ist im Great Barrier Reef Marine Park unter Schutz gestellt, durch den auch der Besuch von Touristen reguliert wird.

Der Purnululu-Nationalpark in Kimberley in Westaustralien ist benannt nach der Bezeichnung der Aborigines für die dort auftretenden Sandsteinformationen.

● Der Ayers Rock oder Uluru, der Heilige Berg der Aborigines, ist ein rötlich schimmernder, schon aus mehreren Kilometern Entfernung sichtbarer Fels inmitten des australischen Buschs.

Die Greater Blue Mountains Area ist ein riesiges Plateau mit Eukalyptuswäldern, Tälern und Felsen im australischen Bundesstaat New South Wales.

Die vor der australischen Küste von Queensland liegende Fraser Island ist die größte Sandinsel des Planeten.

● Auf den Whale-
Watching-Touren von
Fraser Island hat man
eine gute Chance, Wale
auf dem Weg in die
Antarktis zu Gesicht zu
bekommen.

● Die Macquarieinsel ist ein eisiges Paradies, gelegen zwischen der Antarktis und Neuseeland. Politisch gehört sie zum australischen Bundesstaat Tasmanien.

126 und 127 ● Die Naturparks und Schutzgebiete auf der Insel Tasmanien, einem australischen Bundesstaat, bedecken eine Fläche von mehr als einer Million Hektar.

128-129 ● Zahlreiche Meeresschutzgebiete liegen an den 5400 Küstenkilometern von Tasmanien, Heimat einer der umfangreichsten Biodiversitäten der Erde.

Wrangell-St. Elias und Glacier Bay gehören zu einem spektakulären, sich über Kanada und die USA erstreckenden System von Naturschutzgebieten mit zahlreichen Gletschern.

132-133 ● Zur Eliaskette an der Pazifikküste von Alaska und Kanada gehören viele mehr als 4000 Meter hohe Berge, der höchste davon ist mit 5959 Metern der Mount Logan.

133 ● Mount Kennedy ist einer der höchsten Gipfel des kanadischen Territoriums Yukon.

● Der Wood-Buffalo-Nationalpark
ist der größte kanadische
Nationalpark und flächenmäßig
sogar der zweitgrößte der Welt.

● Der Banff-
Nationalpark ist der
älteste Nationalpark
Kanadas.

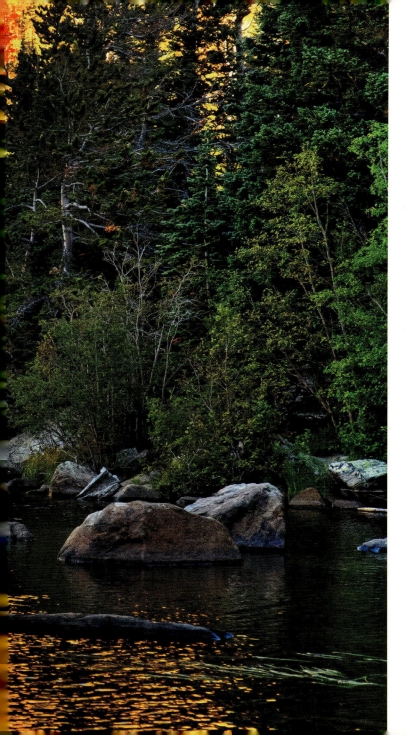

● Ausgedehnte Wälder und
Gletscher finden sich in den
kanadischen Rocky Mountains,
die zum größten Teil als
Nationalpark ausgewiesen sind.

140-141 ● Die Grand Prismatic Spring im Yellowstone-Nationalpark ist die größte Thermalquelle der USA. Ihren Namen verdankt sie den kräftigen Farben, hervorgerufen durch Mikroorganismen, die im mineralreichen Wasser bestens gedeihen.

141 und 142-143 ● Der Yellowstone-Nationalpark im amerikanischen Bundesstaat Wyoming (sowie kleinen Teilen in Montana und Idaho) ist berühmt für seine Geysire und die heißen Quellen.

● Der kalifornische Nationalpark Yosemite, einer der beliebtesten und meist besuchten Parks der USA, bietet atemberaubende Landschaften mit hohen Felsen, spektakulären Wasserfällen, gigantischen Baumriesen und reißenden Bächen. Das Bild links zeigt den Half Dome, rechts El Capitan.

146-147 • Der Horseshoe Bend in den USA ist ein Mäander des Colorado River in der Form eines gewaltigen Hufeisens.

147 • Seine nahezu 1600 Meter tiefe Schlucht machte den Grand Canyon zu einem der berühmtesten Nationalparks der Erde.

● Im US-
amerikanischen Great-
Smoky-Mountains-
Nationalpark stehen
16 mehr als 1800
Meter hohe Berge.

Die Sumpfgebiete im Everglades-Nationalpark im südlichen Florida tragen auch den poetischen Namen „Grasfluss".

- Aufgrund ihrer außergewöhnlichen Schönheit und geologischen Bedeutung wurden die 117 Höhlen von Carlsbad in New Mexico als Nationalpark ausgewiesen.

● Der zentralmexikanische Bundesstaat Michoacán ist bei Naturliebhabern vor allem als Überwinterungsquartier der Monarchfalter bekannt.

156 • Vor der Küste des mittelamerikanischen Staates Belize liegt das zweitgrößte Korallenriff der Erde nach dem Great Barrier Reef in Australien, Heimat Hunderter von Fischarten.

157 • Das Great Blue Hole, einer der spektakulärsten Tauchspots in ganz Belize, hat einen Durchmesser von 300 Metern und ist 123 Meter tief.

158 • Die Kokosinsel im östlichen Pazifik ist die einzige Insel mit einem tropischen Regenwald.

159 • Im Ozean rings um den Nationalpark Isla del Coco (550 Kilometer vor Costa Rica) leben viele Haiarten, darunter auch der Hammerhai.

● Bedingt durch eine
enorme Biodiversität
ist Capurganá in
Kolumbien, unweit der
Grenze zu Panama, ein
wahres Öko-Paradies.

Die Galapagosinseln in Ecuador gehören zu den wichtigsten Naturparadiesen der Erde. Sie inspirierten Darwin zu den Grundlagen der Evolutionstheorie.

Der Kilauea auf Hawaii gehört zu den eindrucksvollsten Vulkanen der Vereinigten Staaten.

166-167 ● Die Angel Falls in Venezuela sind mit einer Fallhöhe von knapp 1000 Metern der höchste frei fallende Wasserfall der Erde.

168-169 ● Die Inselgruppe Fernando de Noronha, 350 Kilometer vor der brasilianischen Küste gelegen, ist für zahlreiche Vogelarten des westlichen Atlantiks eine der wichtigsten Niststätten.

● Das Pantanal, eines der größten Feuchtgebiete der Erde, erstreckt sich über Teile Brasiliens, Boliviens und Paraguay. 80 Prozent der Landfläche sind für etwa neun Monate im Jahr überflutet.

In der Region Pantanal, weltweit das Ökosystem mit der höchsten Zahl an Tier- und Pflanzenarten, hat man gute Chancen, Kaimanen, Wasserschweinen, Reptilien und Vögeln zu begegnen. Auf den scheuen Jaguar trifft man dagegen selten.

● Die konkrete Zahl der Iguazú-Wasserfälle an der Grenze zwischen Brasilien und Argentinien verändert sich je nach Wasserstand des Flusses. Sie schwankt zwischen 150 und 300 Einzelfällen, die von beiden Ländern aus besichtigt werden können.

176 und 177 ● Der Perito-Moreno-Gletscher liegt im südargentinischen Patagonien. Seine sich in den Lago Argentino hineinschiebende Gletscherfront bricht regelmäßig auf spektakuläre Weise in den See, wird aber durch nachfolgendes Eis gleich wieder ersetzt.

178-179 ● Der Nationalpark Los Glaciares in Patagonien ist auch geprägt durch die Granitgipfel von Cerro Torre (3128 Meter) und Cerro Fitz Roy (3405 Meter).

Die SCHÄTZE der ANTIKE

- Der Zugang nach Petra erfolgt durch den Siq, eine lange Felsschlucht, die direkt am „Schatzhaus" mündet, dem bekanntesten Bauwerk der Stadt.

EINLEITUNG Die Schätze der Antike

LANGE WARTESCHLANGEN SIND HIER EHER DER NORMALFALL: STUNDENLANGES AUSHARREN IN GESELLSCHAFT HUNDERTER ANDERER TOURISTEN, UM AM ENDE DAS RECHT – UND DAS TICKET – ZUM ZUGANG ZU DEN BEKANNTESTEN AUSGRABUNGSSTÄTTEN DES PLANETEN ERWERBEN ZU KÖNNEN. DAS IST DER PREIS IHRES BEKANNTHEITSGRADES, ABER ES LOHNT SICH. VON DEN IMPOSANTEN PYRAMIDEN VON GIZEH VOR DEN TOREN KAIROS (DAS EINZIGE DER SIEBEN WELTWUNDER DER ANTIKE, DAS DIE ZEIT UND DIE GESCHICHTE ÜBERDAUERT HAT) BIS ZU DEN AUSGRABUNGEN VON POMPEJI, JENER IM JAHR 79 N. CHR. DURCH EINEN VULKANAUSBRUCH ZERSTÖRTEN ANTIKEN STADT – DIESE SYMBOLTRÄCHTIGEN ORTE DER ANTIKE LOCKEN UNZÄHLIGE BESUCHER. DABEI SIND DIE BEIDEN AUSGRABUNGSSTÄTTEN IN ÄGYPTEN UND ITALIEN LEDIGLICH ZWEI BEISPIELE FÜR DIE ENORME BANDBREITE WELTWEIT BEKANNTER, VON DER UNESCO GESCHÜTZTER ARCHÄOLOGISCHER STÄTTEN, DIE AUS KÜNSTLERISCHEN, HISTORISCHEN ODER KULTURELLEN GRÜNDEN VON UNIVERSELLER BEDEUTUNG SIND. ZU DEN SEHR

• Der Große Sphinx von Gizeh vor den Toren Kairos mit Löwenkörper und Menschenkopf ist die größte monolithische Statue der Welt.

EINLEITUNG Die Schätze der Antike

BEKANNTEN BAUWERKEN GEHÖREN AUCH DIE IN STEIN GEHAUENEN MEI-STERWERKE DES KHMER-KÖNIGREICHES IN ANGKOR (KAMBODSCHA), DIE AUS DER ZEIT ZWISCHEN DEM 9. BIS ZUM 15. JAHRHUNDERT STAMMEN UND VON DER UNESCO ALS „EINE DER BEDEUTENDSTEN ARCHÄOLOGISCHEN KUL-TURDENKMÄLER SÜDOSTASIENS" BEZEICHNET WERDEN. ODER DIE CHINESI-SCHE MAUER, DIE VIELLEICHT NICHT VOM WELTRAUM AUS ZU SEHEN IST, WIE OFT BEHAUPTET WIRD, ABER NICHTSDESTOTROTZ EIN KOLOSSALES BAUWERK DARSTELLT: SIE IST DAS AUSGEDEHNTESTE BEFESTIGUNGSSYSTEM DER WELT UND VERLÄUFT VON DUNHUANG IM WESTEN BIS ZUM GOLF VON BOHAI IM OSTEN. ERBAUT WURDE SIE ÜBER JAHRHUNDERTE HINWEG, SEIT DER ZEIT UNTER QIN SHIHUANGDI, DEM ERSTEN CHINESISCHEN KAISER UND BEGRÜNDER DER QIN-DYNASTIE UM 220 V. CHR.

UNTER DEN WELTWEIT RENOMMIERTEN EUROPÄISCHEN STÄTTEN KOMMT DER AKROPOLIS VON ATHEN EINE BESONDERE ROLLE ZU ALS „SYMBOL", WIE DIE UNESCO PRÄZISIERT, „VON GEIST UND PHILOSOPHIE DER KLASSISCHEN ANTIKE SOWIE ALS DAS GRÖSSTE ARCHITEKTONISCHE UND KÜNSTLERISCHE

EINLEITUNG Die Schätze der Antike

BAUWERK DES ANTIKEN GRIECHENLANDS". ZUM UNESCO-WELTERBE AUF HELLENISCHEM BODEN GEHÖREN AUCH DIE AUSGRABUNGEN VON DELPHI AM FUßE DES PARNASS MIT THEATER, DEM TEMPEL, DEM SCHATZHAUS DER ATHENER, DEM STADION, WO DAS BERÜHMTE ORAKEL VON DELPHI DIE ZUKUNFT VORHERSAGTE. DANN DIE REGION VON MYKENE, URBANES ZEUGNIS DER MYKENISCHEN KULTUR, DIE ZWISCHEN DEM 15. UND DEM 12. JAHRHUNDERT V. CHR. DEN ÖSTLICHEN MITTELMEERRAUM BEHERRSCHTE UND ALS WICHTIGE STUFE IN DER GESCHICHTE DER HELLENISCHEN KULTUR UND SOMIT DER GANZEN ANTIKE GILT. UNTER DEN BEDEUTENDSTEN STÄTTEN DER MENSCHHEITSGESCHICHTE IST AUCH PETRA ZU NENNEN, DIE ALTE STADT DER NABATÄER IN JORDANIEN, IN DER HELLENISTISCHE UND ORIENTALISCHE BAUSTILE VERSCHMOLZEN SIND UND PALÄSTE UND TEMPEL VON UNGLAUBLICHER ANMUT UND HARMONIE HABEN ENTSTEHEN LASSEN. UND NATÜRLICH DIE PRÄHISPANISCHEN RUINENSTÄTTEN IN MEXIKO, ALLEN VORAN DAS WELTBERÜHMTE CHICHÉN ITZÁ IM BUNDESSTAAT YUCATÁN.

WÄHREND DIE LISTE ARCHÄOLOGISCHER BERÜHMTHEITEN ALLSEITS

Die Schätze der Antike

Einleitung

BEKANNT IST, SIND IN JÜNGERER ZEIT STÄTTEN HINZUGEKOMMEN, DIE ZUNÄCHST NUR ALS HINTERLASSENSCHAFT INDUSTRIELLER ENTWICKLUNG GALTEN, INZWISCHEN ABER ALS KOSTBARES KULTURERBE ANGESEHEN WERDEN: DENKMÄLER DER INDUSTRIEARCHÄOLOGIE. IN DIESE KATEGORIE FÄLLT BEISPIELSWEISE DER CANAL DU MIDI ERBAUT ZWISCHEN 1667 UND 1694 ALS VERBINDUNG ZWISCHEN DEM MITTELMEER UND DEM ATLANTIK. DIE WALLONISCHEN KOHLEBERGWERKE IN BELGIEN, EIN NETZ AUS UNTERIRDISCHEN STOLLEN. UND IN DER LOMBARDEI DIE REGION UM CRESPI D'ADDA EINE DER ERSTEN INDUSTRIE- UND ARBEITERSTÄDTE DER WELT DIE EBENSO WIE BEKANNTERE (UND TOURISTISCHERE) ORTE WIE STONEHENGE IN GROSSBRITANNIEN, DIE BEDEUTENDSTE, NACH PRÄZISEN ASTRONOMISCHEN REGELN KREISFÖRMIG ANGEORDNETE MEGALITHGRUPPE DES PLANETEN, ODER DAS TAL VON GÖREME IN DER TÜRKEI MIT DEN FELSENDENKMÄLERN VON KAPPADOKIEN (DIE BERÜHMTEN TUFFKEGEL MIT ETWA 3000 FELSENKIRCHEN IN EINER MONDARTIGEN LANDSCHAFT) UNSER HERAUSRAGENDES ARCHÄOLOGISCHES KULTURERBE AUSMACHEN.

● Das Kolosseum in Rom, in der Antike *Amphitheatrum Flavium* genannt, steht zusammen mit den anderen Bauwerken der Altstadt Roms seit 1980 unter dem Schutz der UNESCO.

188　●　Newgrange ist das bekannteste vorgeschichtliche Bauwerk Irlands (um 3200 v. Chr).

189　●　Der Hadrianswall in Großbritannien, benannt nach seinem Erbauer, Kaiser Hadrian, ist die größte, jemals von den Römern zur Verteidigung errichtete Mauer.

190-191　●　Die Steinkreise von Stonehenge in England sind die bekannteste Megalithgruppe der Welt.

● Die Felsritzungen im schwedischen Ort Tanum geben Aufschluss über Leben und Gewohnheiten der Menschen in der Bronzezeit.

Im französischen Tal der Vézère
liegen 25 vorgeschichtliche
Fundstätten mit steinzeitlichen
Höhlen. Die berühmteste davon
ist die von Lascaux.

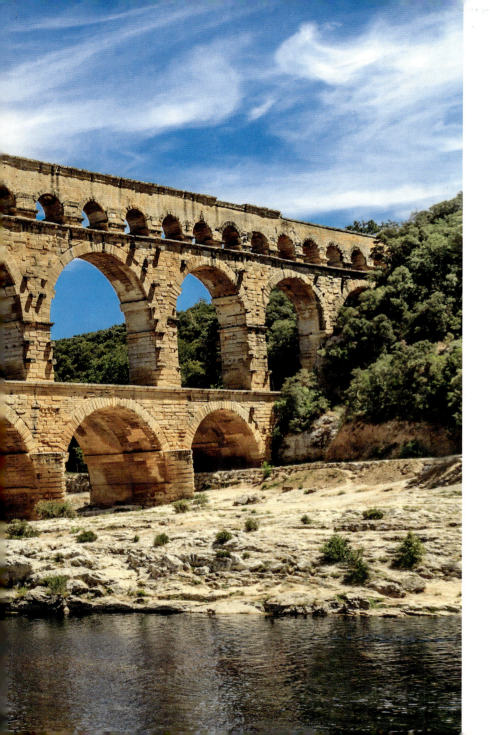

● Der Pont du Gard über
den Fluss Gardon ist Teil
des römischen Aquädukts,
das seit 1985 auf
der Welterbeliste der
UNESCO steht.

198-199 ● Das römische Amphitheater von Arles wurde um 80 n. Chr. gebaut und dient noch heute für Theateraufführungen sowie für die Course camarguaise.

199 ● Der Stadtgründungsbogen von Orange im Tal der Rhone in Frankreich entstand gleichzeitig mit dem nahe gelegenen Amphitheater in der Zeit der römischen Republik.

● Die Stadt Trier in der Nähe der luxemburgischen Grenze wurde im ersten nachchristlichen Jahrhundert römische Colonia. Das Bild auf der linken Seite zeigt die Porta Nigra.

202 ● Neben Hagar Qim und Tarxien sind die Tempel von Mnajdra kostbare Kultplätze der Insel Malta aus vorgeschichtlicher Zeit.

202-203 ● Das Hypogäum von Hal-Saflieni auf Malta ist ein imposantes unterirdisches Heiligtum, das um 2500 v. Chr. angelegt wurde.

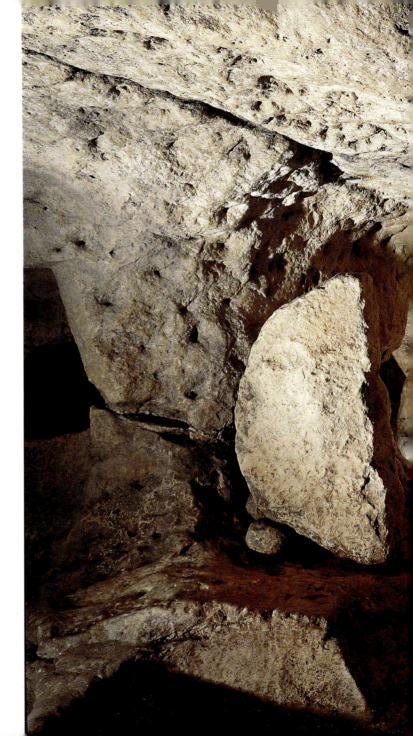

In Ravenna findet man noch einige der bedeutendsten Mosaikkunstwerke spätantiker Zeit. Der Mosaikstil ist geprägt durch byzantinischen und römischen Einfluss.

MAXIMIANVS

In der etruskischen Nekropole
Cerveteri, die seit 2004 als
Welterbe anerkannt ist, befinden
sich außergewöhnliche
Grabanlagen in Form von großen
Rundgräbern mit unglaublichen
Verzierungen in den
Grabkammern.

Das neben dem Kolosseum gelegene Forum Romanum gehört zu den bedeutendsten Ausgrabungsstätten der Welt.

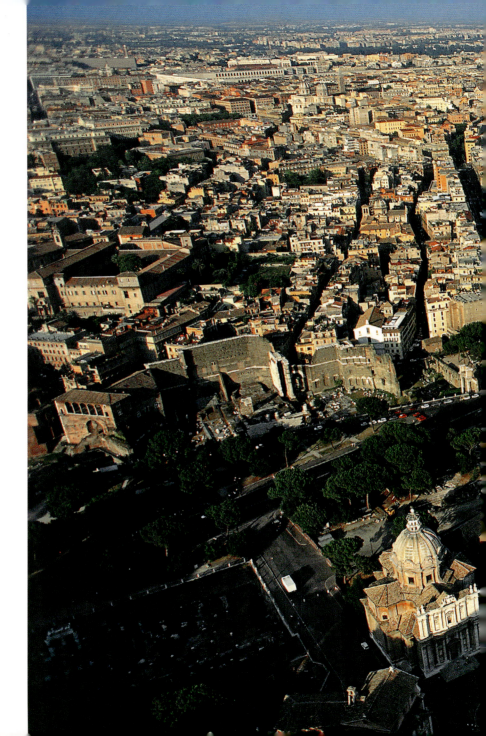

210 ● Die Villa dei Misteri in Pompeji ist vor allem für die gut erhaltenen Fresken im Mysteriensaal bekannt.

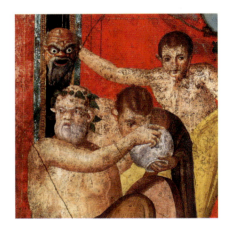

210-211 ● Die Stadt Pompeji entwickelte sich schon ab dem 4. Jahrhundert v. Chr. nach dem Muster von Kardo und Decumanus. Bei dem Vulkanausbruch 79 n. Chr. wurde sie völlig zerstört.

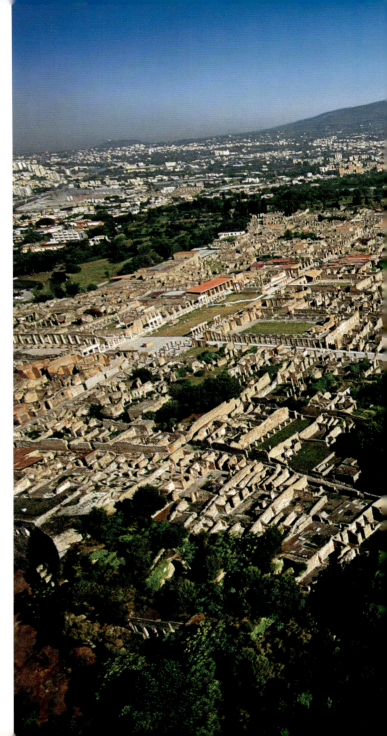

● Das Tal der Tempel in Agrigent
auf Sizilien mit seinen sehr gut
erhaltenen griechischen Bauwerken
nimmt im Kulturerbe der Magna
Graecia einen besonderen Platz ein.
Das Ausgrabungsgebiet ist etwa
1300 Hektar groß. Auf dem Bild links
der Athenatempel, rechts der
Concordiatempel.

214 ● Die Akropolis von Athen mit ihren gewaltigen Bauwerken gilt als die Mutter aller Ausgrabungsstätten der griechischen Antike. Im Bild das Erechtheion.

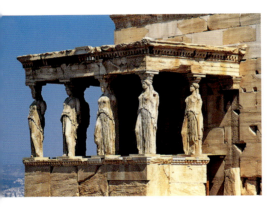

214-215 ● Der Parthenon ist das bekannteste Bauwerk der Athener Akropolis: Er wurde zwischen 447 und 432 v. Chr. zu Ehren der Göttin Athena errichtet.

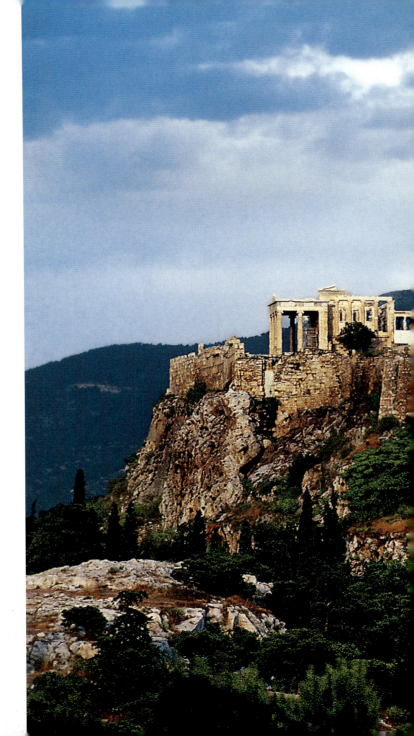

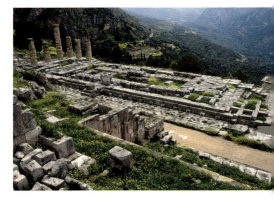

Delphi, in der Antike bekannt als der Nabel der Welt, war der Sitz des berühmten Orakels, der Weissagungsstätte des Gottes Apollon, die um das 6. Jahrhundert v. Chr. ihre Blütezeit erlebte.

218 ● Wie alle großen Bauwerke der Antike war auch der Palast von Knossos mit Wandmalereien verziert.

218-219 ● Der Palast von Knossos ist das größte und mächtigste minoische Bauwerk der Insel Kreta.

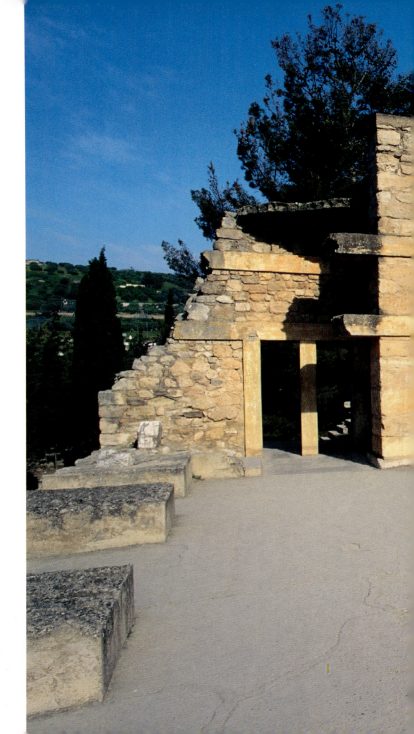

● Die Ausgrabungsstätte Volubilis in Marokko bewahrt wunderbare Zeugnisse römischer Besiedlung in diesem Teil Nordafrikas. Die Wohnhäuser waren mit prächtigen Mosaikfußböden ausgestattet.

● Timgad in Algerien war eine wichtige römische Militärkolonie, errichtet nach dem typischen städtebaulichen Prinzip von Kardo und Decumanus.

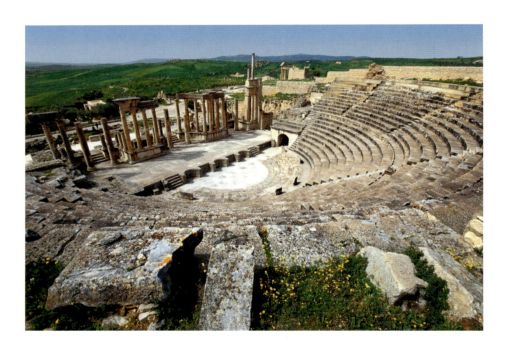

● Die antike Stadt Thugga, das heutige tunesische Dougga, war eine lybisch-punische Hauptstadt und erlebte unter römischer und byzantinischer Herrschaft ihre Blütezeit. Heute findet man hier noch imposante Bauwerke wie das Theater, das Mausoleum und das Kapitol.

Das Amphitheater von El Djem (oder El Jem) in Tunesien war das drittgrößte des Römischen Reiches. Bis zu 35 000 Zuschauer hatten hier Platz.

Die an eine Mondlandschaft erinnernde Gebirgskette Tassili n'Ajjer ist geologisch bedeutsam und eine der wichtigsten prähistorischen Ausgrabungsstätten der Welt mit über 15 000 Felsmalereien und -ritzungen.

In den Höhlen des Tadrart Acacus, einem Gebirge in Libyen, sieht man kostbare Felsmalereien aus der Zeit zwischen 12 000 v. Chr. und 100 n. Chr.

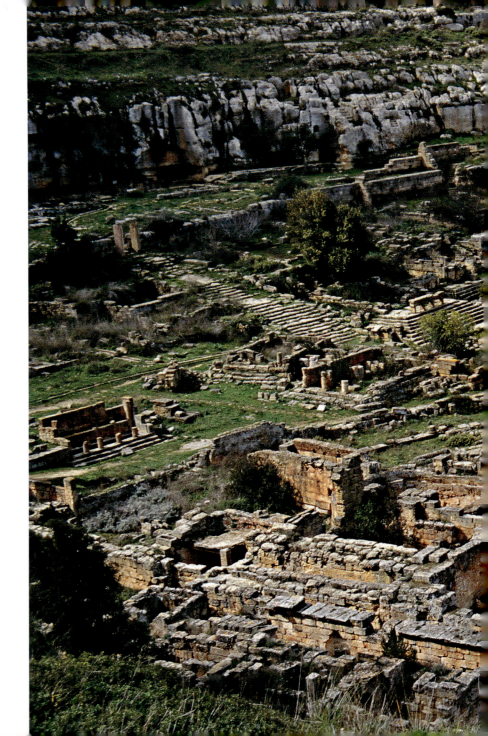

● Die Ruinen der altgriechischen Stadt Kyrene, eine der bedeutendsten archäologischen Stätten ganz Libyens, erzählen eine tausendjährige Geschichte.

234-235 und 235 ● Die am Meer liegende Stadt Sabrata war für die Römer das Eingangstor zum afrikanischen Hinterland. Hier stehen Bauwerke aus dem 2. und 3. Jahrhundert, wie etwa das Theater.

236-237 ● Leptis Magna, eine bedeutende antike Stadt in Libyen, stand zuerst unter der Herrschaft Karthagos und dann der Roms. Seit 1982 stehen die Ruinen auf der UNESCO-Welterbeliste.

238 ● Vor dem Aufstieg Thebens im Neuen Reich war Sakkara im Niltal die Nekropole von Pharaonen und Noblen.

238-239 ● Die Pyramiden von Gizeh sind das einzige noch erhaltene Bauwerk der sieben Weltwunder der Antike.

Der Luxor-Tempel am östlichen Nilufer des antiken Theben war dem Gott Amun geweiht. Der Baubeginn geht zurück in das 14. Jahrhundert v. Chr.

242-243 • Deir el-Bahari ist eine
Nekropole mit verschiedenen
Totentempeln in Westtheben, gegenüber
der Stadt Luxor.

243 • Medinet Habu ist der imposante
Totentempel von Ramses III. im
ägyptischen Niltal.

Im äthiopischen Lalibela stehen elf monolithische, aus dem Fels herausgeschnittene Kirchen, die etwa auf das 13. Jahrhundert datiert werden. Lalibela trägt den Beinamen Neu-Jerusalem.

● Die Grabstätte von König Antiochos I. von Kommagene (gestorben 36 v. Chr.) auf dem Nemrut Dagi in der Türkei ist geprägt durch riesige Statuen, die den König selbst und die wichtigsten Götter darstellen.

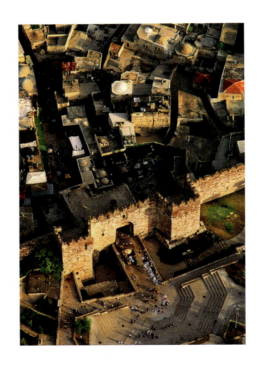

248 • Das Damaskustor ist der wichtigste Zugang zur Altstadt von Jerusalem.

249 • Die Klagemauer war Teil des zweiten Jerusalemer Tempels.

250-251 • Die Festung Masada in Israel, errichtet auf einem imposanten Gebirgsstock oberhalb des Toten Meeres, war die letzte Bastion der Juden gegen die römische Besatzungsmacht.

● Die jordanische Felsenstadt Petra mit ihren wundervollen und beeindruckenden Bauwerken wurde 1985 als UNESCO-Welterbe ausgezeichnet. Links das römische Theater, rechts der Felsentempel ad-Deir.

Die Monumentalgräber von Mada'in Salih aus der Zeit vom ersten vorchristlichen bis zum ersten nachchristlichen Jahrhundert wurden 2008 als erste Stätte in Saudi-Arabien in die UNESCO-Welterbeliste aufgenommen.

256 ● Die phönizische Stadt Tyros im Libanon bewahrt bedeutende archäologische Funde aus römischer Zeit.

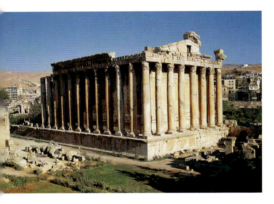

256-257 ● In Baalbek im Libanon sind monumentale Bauten aus römischer Zeit erhalten (2. und 3. Jahrhundert n. Chr.). In der damals Heliopolis genannten Stadt stand ein großes dem Jupiter Heliopolitanus geweihtes Heiligtum.

● Palmyra in Syrien war in der Antike durch ihre Lage an einem Kreuzungspunkt wichtiger Handelsrouten, die Mesopotamien mit dem Mittelmeerraum verbanden, eine bedeutende Karawanenstadt.

● Hatra, im heutigen Irak, war die Hauptstadt des ersten arabischen Reiches, die sich lange
Zeit den Angriffsversuchen der Römer widersetzen konnte.

Persepolis, im heutigen
Iran, war eine der
Hauptstädte des
achämenidischen Reiches.
Auf Terrassen und Treppen
der Palastanlagen fanden
die großartigen Feiern
zum Persischen
Neujahrsfest statt.

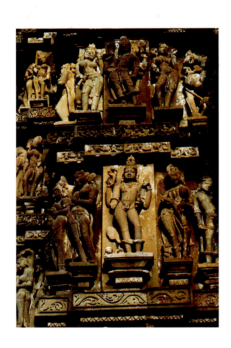

In der Stadt Khajuraho findet sich die höchste Konzentration an Jain- und Hindu-Tempeln Indiens. Der Tempelbezirk erstreckt sich auf einer Fläche von etwa 21 Quadratkilometern.

● Der Ort Sanchi im indischen Bundesstaat Madhya Pradesh ist bekannt für seine buddhistischen Bauwerke aus der Zeit vom 3. Jahrhundert v. Chr. bis zum 7. Jahrhundert n. Chr.

268 ● Dieses in einen 29 Meter langen Granitblock gehauene Flachrelief von Mamallapuram wird als die „Herabkunft der Ganga" gedeutet, manchmal auch als die „Buße des Arjuna".

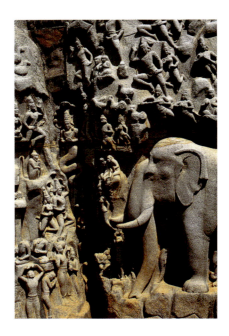

268-269 ● Die Pancha Rathas sind eine Gruppe aus fünf monolithischen Rathas (Prozessionswagen).

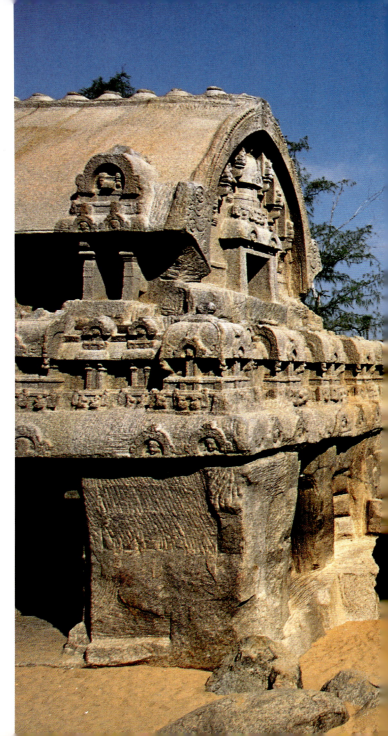

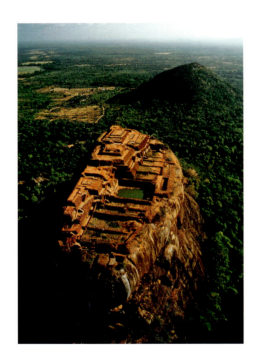

● Sigiriya ist eine der sechs von der UNESCO in das Weltkulturerbe aufgenommenen Stätten auf Sri Lanka. Neben der gigantischen Steintreppe und den Überresten einer gewaltigen Löwenstatue ist die Stätte reich an Fresken, die einen die Jahrhunderte überdauernden Malstil begründeten.

272 ● Der Name Ayutthaya leitet sich ab von der alten indischen Stadt Ayodhya, Geburtsort des Rama. Nach einer ersten Besiedlung durch die Khmer erreichte die Stadt im 15. Jahrhundert ihre 400 Jahre andauernde Blütezeit.

273 ● Das Königreich Sukhothai im heutigen Thailand, 400 Kilometer nördlich von Bangkok, herrschte etwa 140 Jahre lang über einen großen Teil der indochinesischen Region.

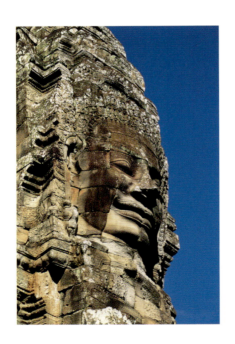

Die Tempelanlagen von Angkor mit ihren
beeindruckenden Bauwerken erstrecken
sich über ein Areal von etwa
400 Quadratkilometern.

276 • Die Longmen-Grotten in der chinesischen Provinz Henan, künstlich geschaffene Höhlen, sind vorwiegend buddhistische Heiligtümer.

277 • Die Yungang-Grotten in der chinesischen Provinz Shanxi sind buddhistische Höhlentempel, die zur Zeit der Wei-Dynastie (5. Jahrhundert n. Chr.) aus dem Felsen gearbeitet wurden.

• Die Stadt Xi'an kann sich einer der bedeutendsten Ausgrabungsstätten ganz Chinas rühmen: In der Nähe befindet sich die Terrakotta-Armee, etwa 6000 mannshohe Krieger aus dem 3. Jahrhundert v. Chr.

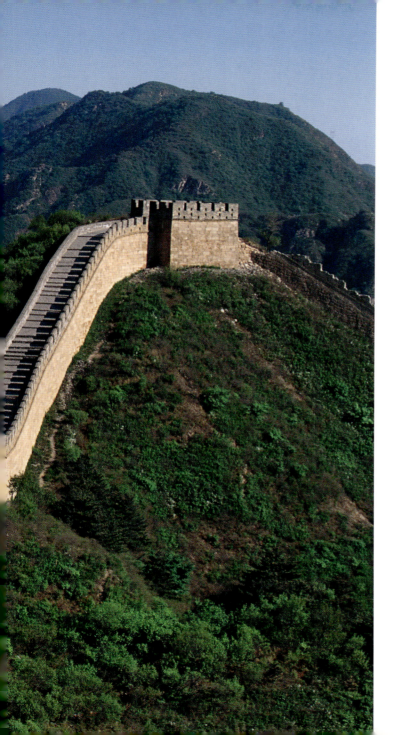

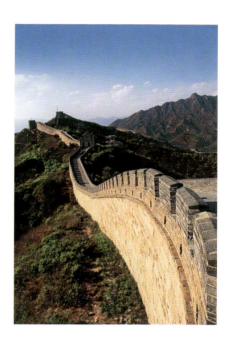

● Die Chinesische Mauer gilt als das
größte jemals von Menschenhand
errichtete Bauwerk.

● Die buddhistische
Tempelanlage
Borobudur auf der Insel
Java ist das
Meisterwerk religiöser
indonesischer Kunst.

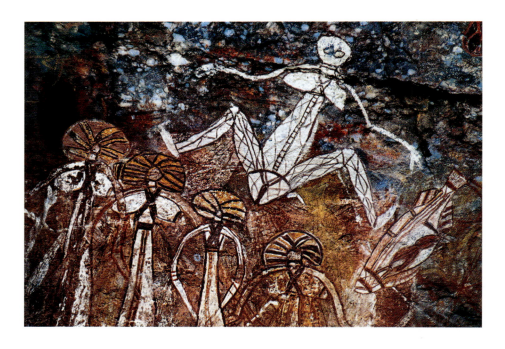

Der Kakadu-Nationalpark im australischen Northern Territory ist nicht nur als Naturlandschaft, sondern dank zahlreicher prähistorischer Felsmalereien auch als archäologische Ausgrabungsstätte bedeutsam.

286 • Pueblo Bonito ist das wichtigste Bauwerk im Chaco Canyon in New Mexico, dem Zentrum der Pueblo-Kultur.

286-287 • Der Cliff Palace von Mesa Verde, eine der zahlreichen Siedlungen der Pueblo-Indianer in Colorado, hatte vermutlich 150 Räume.

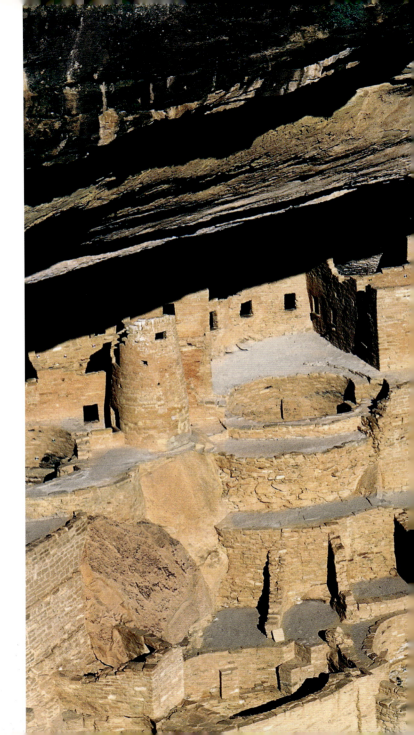

288 ● Die Ruinenstätte der Stadt Teotihuacán liegt etwa 50 Kilometer nordöstlich von Mexiko-Stadt. Das Bild zeigt die große Sonnenpyramide.

288-289 ● Die prähispanische Stadt Uxmal auf der Halbinsel Yucatán war eine der wichtigsten Stadtstaaten der Maya-Zivilisation. Die 30 Meter hohe sogenannte Pyramide des Zauberers ist das bedeutendste Monument von Uxmal.

290 und 290-201 • Chichén Itzá ist die berühmteste und meist besuchte Ruinenstätte im Bundesstaat Yucatán. Links im Bild eine als Chac Mo'ol bekannte Statue, rechts die Pyramide des Kukulcán, auch bekannt als El Castillo.

292-293 • Die Mayametropole Palenque im mexikanischen Bundesstaat Chiapas erlebte ihre Blütezeit zwischen 500 und 700 n. Chr.

● Tikal in Guatemala war einst eine
der bedeutendsten Maya-Städte.

● Copán in Honduras bewahrt einige der berühmtesten Bauwerke aus der klassischen Maya-Periode.

• Chan Chan, Hauptstadt des alten Chimú-Reiches im heutigen Kolumbien, befand sich im
15. Jahrhundert auf dem historischen und künstlerischen Höhepunkt. Die wundervollen
Verzierungen sind bis heute erhalten.

● Die in Peru liegende Ruinenstadt Machu Picchu, Wahrzeichen der Inka-Kultur, liegt auf einem Bergrücken in 2430 Metern Höhe: Mauern, Terrassen und Rampen waren der Form der Erdoberfläche angepasst.

Die zu Chile gehörende Osterinsel (Rapa Nui in der Sprache der Ureinwohner) ist von enormer archäologischer Bedeutung. Die Moai, zahlreich vorhandene kolossale Steinstatuen, wurden zwischen dem 10. und dem 16. Jahrhundert errichtet.

Die STÄDTE in der GESCHICHTE

- Auf dem Roten Platz stehen die steinernen Wahrzeichen russischer Geschichte, vom Lenin-Mausoleum bis zur Basilius-Kathedrale mit ihren wie aus Zuckerguss wirkenden Kuppeln.

EINLEITUNG Die Städte in der Geschichte

Auf der Liste des Weltkulturerbes der UNESCO sind zahlreiche Städte, Stadtteile oder auch Gebäudeensembles aufgeführt. Sie alle stehen für eine urbane Realität von herausragender universeller Bedeutung aus historischen, wissenschaftlichen oder künstlerischen Gründen (eine häufig wiederkehrende Definition bei den ausgewählten Stätten). Die meisten Welterbestätten dieser Kategorie liegen in Europa. Der alte Kontinent kann sich hier, abgesehen von den antiken Stätten, die als archäologische Welterbestätten eingestuft sind, der bedeutendsten Beispiele rühmen. Dazu gehören historische städtische Siedlungen, insbesondere mittelalterliche Städte, einzelne Stadtviertel und befestigte Orte, die früher den dort lebenden Menschen innerhalb ihrer Grenzen Schutz und Zuflucht boten. Aber auch woanders fehlt es nicht an Zeugnissen. In Algerien stoßen wir auf Juwelen wie die Kasbah in Algier, ein außergewöhnliches Beispiel einer Medina, dem Äquivalent

● Im Tal von M'Zab 600 Kilometer südlich der algerischen Hauptstadt liegen inmitten der Sahara fünf Ksar, befestigte, zitadellenartige Dörfer.

EINLEITUNG Die Städte in der Geschichte

EINER BEFESTIGTEN EUROPÄISCHEN STADT. IN MAROKKO LIEGEN FEZ, DIE STADT MIT DER ÄLTESTEN UNIVERSITÄT DER WELT, DIE ROTE WÜSTENSTADT MARRAKESCH MIT BAUWERKEN AUS DEM 11. JAHRHUNDERT UND DEM BERÜHMTESTEN PLATZ NORDAFRIKAS, DJEMAA EL FNA, UND AUCH ESSAOUIRA, HERAUSRAGENDES BEISPIEL FÜR DIE EUROPÄISCHE MILITÄRARCHITEKTUR IN NORDAFRIKA IM 18. JAHRHUNDERT. IM NORDÖSTLICHEN AFRIKA DANN GE-LANGEN WIR NACH KAIRO, EINE DER ÄLTESTEN ISLAMISCHEN STÄDTE DER WELT, DIE MIT IHREN UNZÄHLIGEN MOSCHEEN, MEDRESEN, HAMMAMS UND BRUNNEN SCHON SEIT 1979 AUF DER WELTERBELISTE STEHT.

ZWISCHEN EUROPA UND ASIEN DANN DAS TÜRKISCHE ISTANBUL, DIE STADT AUF ZWEI KONTINENTEN, EIN FASZINIERENDES ENSEMBLE RÖMISCHER, BYZANTI-NISCHER UND OSMANISCHER BAUWERKE, DIE SICH IM BOSPORUS SPIEGELN, JENER 30 KILOMETER LANGEN MEERENGE, DIE SÜDOSTEUROPA VON KLEIN-ASIEN UND DAS SCHWARZE MEER VOM MITTELMEER TRENNT. IM SÜDLICHEN VORDERASIEN TREFFEN WIR AUF DIE 2200 METER HOCH GELEGENE JEMENITISCHE ALTSTADT VON SANAA MIT IHREN 103 MOSCHEEN, 14 HAMMAMS UND MEHR ALS

EINLEITUNG Die Städte in der Geschichte

6000 VOR DEM 9. JAHRHUNDERT ERBAUTEN HÄUSERN. DIE WEIßE STADT IN TEL AVIV IN ISRAEL, EIN ZWISCHEN 1930 UND 1950 ERBAUTER STADTTEIL IST EIN INTERESSANTES BEISPIEL FÜR DEN BAUHAUSSTIL AUßERHALB EUROPAS.

NOCH WEITER IM NORDEN, IN ASERBAIDSCHAN, GEHÖRT DIE BEFESTIGTE ALT-STADT VON BAKU ZUM WELTERBE. SIE IST GEPRÄGT VON DEM AUFEINANDER-TREFFEN UNTERSCHIEDLICHSTER KULTUREN, VON PERSERN BIS ZU RUSSEN, DIE IMMER WIEDER KOSTBARE BAUTEN HINTERLIEßEN WIE DEN QIZ QALASI, DEN JUNGFRAUENTURM, UND DEN PALAST DER SCHIRWANSCHAHS, EINE PERLE IM ARCHITEKTONISCHEN PANORAMA DES LANDES. IM FERNEN OSTEN DANN LOCKT IN JAPAN DAS HISTORISCHE KYOTO MIT SEINEN WUNDERVOLLEN GÄRTEN, TEMPELN UND HOLZBAUTEN. DER UNANGEFOCHTENE ASIATISCHE TIGER ABER IST CHINA: HIER FINDEN WIR GLEICH MEHRERE VON DER UNESCO UNTER SCHUTZ GESTELLTE STÄTTEN, VOM POTALA-PALAST IN LHASA (TIBET), DER OFFIZIELLEN RESIDENZ DES DALAI LAMA, BIS ZUR HAUPTSTADT PEKING MIT DREI STÄTTEN AUF DER LISTE: DIE VERBOTENE STADT, FÜNF JAHRHUNDERTE LANG UNBESTRITTENES MACHTZENTRUM (1416–1911) MIT UNZÄHLIGEN

EINLEITUNG Die Städte in der Geschichte

WUNDERVOLL EINGERICHTETEN RÄUMEN, DER ALTE SOMMERPALAST AUS DEM 18. JAHRHUNDERT, EIN FEINES MOSAIK AUS PALÄSTEN UND LANDSCHAFTSKUNST, SOWIE DER HIMMELSTEMPEL AUS DEM 15. JAHRHUNDERT, VORBILD ZAHLREICHER BAUWERKE DES FERNEN OSTENS.

AUF DER ANDEREN SEITE DES OZEANS LIEFERN NORD-, MITTEL- UND SÜDAMERIKA MEHRERE ZUM WELTKULTURERBE GEKÜRTE BEISPIELE. IN KANADA BEISPIELS-WEISE GEHÖRT DER ALTSTADTKERN VON QUÉBEC DAZU, DIE EINZIGE STADT NORDAMERIKAS MIT EINER NOCH INTAKTEN FESTUNGSANLAGE AUS DEM 17. JAHRHUNDERT. IN DER KARIBIK, DIE KOLONIALSTÄDTE VON SANTO DOMINGO IN DER DOMINIKANISCHEN REPUBLIK, SITZ DER ERSTEN KATHEDRALE, DES ERSTEN KRANKENHAUSES, DES ERSTEN ZOLLAMTS UND DER ERSTEN UNIVERSITÄT IN AMERIKA. AUßERDEM LA HABANA VIEJA, DER HISTORISCHE STADTKERN HAV-ANNAS AUF KUBA, WO SORGFÄLTIGE RESTAURIERUNGEN DEN BAROCKEN PALÄSTEN, MONUMENTEN UND DEM ENSEMBLE AUS SCHMIEDEEISERNEN BALKONEN UND PASTELLFARBENEN HAUSWÄNDEN ZU NEUEM GLANZ VER-HELFEN. EINE AUFZÄHLUNG ALLER ZUM WELTKULTURERBE GEHÖRENDEN EU-

EINLEITUNG Die Städte in der Geschichte

ROPÄISCHEN ORTE UND STÄDTE WÜRDE DEN RAHMEN SPRENGEN. DIE LISTE IST LANG, VON DEN BEKANNTESTEN STÄDTEN WIE FLORENZ UND VENEDIG (NEBEN DER ALTSTADT VON ROM MIT DEM VATIKAN) BIS ZU DEN WENIGER BEKANNTEN UND VIELLEICHT GERADE DESHALB BESONDERS INTERESSANTEN ORTEN. EIN BEISPIEL DAFÜR IST DIE BELGISCHE HAUPTSTADT BRÜSSEL, DIE AUSSER IHRER GRAND-PLACE AUCH DIE VIER HÄUSER VON VICTOR HORTA, DEM VATER DES BELGISCHEN JUGENDSTILS, ZU BIETEN HAT. IN BERLIN, DIE „SIEDLUNGEN DER BERLINER MODERNE", EIN ARCHITEKTONISCHES ENSEMBLE AUS DER ZEIT DER KLASSISCHEN MODERNE, EINE ZEIT, DIE IN EUROPA UND DER WELT EINEN GROSSEN EINFLUSS AUF ARCHITEKTUR UND STÄDTEBAU HATTE. ODER DIE „STELLUNG VON AMSTERDAM", EIN 135 KILOMETER LANGER, VON 1883 BIS 1920 ERBAUTER VERTEIDIGUNGSRING UM DIE ALTSTADT – EINZIGES BEISPIEL EINER BEFESTIGUNG AUF DEM PRINZIP DER ÜBERFLUTUNG MIT WASSER, UND, UM MIT DEN WORTEN DER UNESCO ZU SPRECHEN, „EIN HERAUSRAGENDES BEISPIEL EINES INTEGRIERTEN VERTEIDIGUNGSSYSTEMS DER NEUZEIT". HERAUSRAGEND – GENAU DIES IST DAS ENTSCHEIDENDE KENNZEICHEN FÜR DIE AUFNAHME IN DIE WELTERBELISTE.

● Die norwegische Hafenstadt Bergen spielte in der Vergangenheit eine wichtige Rolle als Handelskontor der Deutschen Hanse, der vom 14. bis zum 16. Jahrhundert sehr mächtigen Vereinigung von Kaufleuten.

Tallinn ist nicht nur die Hauptstadt der jungen estnischen Republik. Ihre Altstadt ist ein wahres Gedicht aus wundervollen Türmen und pastellfarbenen Häusern.

● Seit 1997 steht Riga,
die Hauptstadt von
Litauen und einstige
Hansestadt von
strategischer
Bedeutung, auf der
Welterbeliste.

318-319 • Die Peter-und-Paul-Festung in Sankt Petersburg wurde im Jahr 1703 im Auftrag von Zar Peter dem Großen nach Plänen des schweizerischen Architekten Domenico Trezzini errichtet.

319 • Die Eremitage von Sankt Petersburg, eines der wichtigsten Museen der Welt, umfasst verschiedene Gebäudeteile, wie etwa den Winterpalast nach einem Entwurf von Bartolomeo Rastrelli.

● Innerhalb des Moskauer Kreml befinden sich Paläste der Macht, Kathedralen und Museen. Nach verschiedenen Umbauten ist der Kreml in seiner heutigen Form durch die italienischen Architekten Fioravanti und Solari geprägt.

● Das schottische Edinburgh hat zwei historisch und architektonisch unterschiedliche Gesichter: Die Altstadt mit der mittelalterlichen Burg und die georgianisch geprägte New Town.

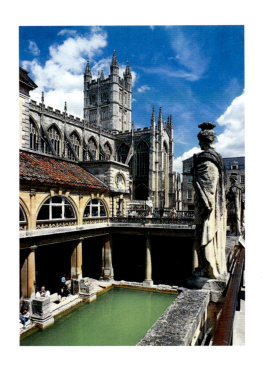

● Die georgianisch geprägte englische Stadt Bath wurde im 1. Jahrhundert n.Chr. von den Römern gegründet, die die Thermalquellen schätzten.

Die Hansestadt Lübeck im Norden Deutschlands hat eine wunderschöne Altstadt, die nach Bombenangriffen im Zweiten Weltkrieg zum Teil rekonstruiert wurde.

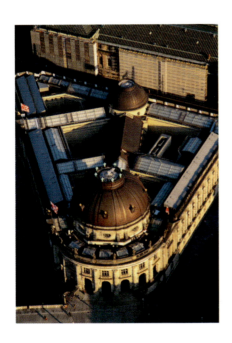

● Auf der Museumsinsel im Stadtteil Berlin Mitte befinden sich einige der weltweit angesehensten Sammlungen aus Kunst und Archäologie.

● Durch Brügge, die romantischste Stadt Belgiens, zieht sich ein System aus Kanälen, die die mittelalterlichen Bauten der Altstadt umso reizvoller wirken lassen.

Umgeben von
prächtigen öffentlichen und
privaten Häusern ist die
Grand-Place du Bruxelles
ein Querschnitt durch
Architektur, Kunst und
Kultur des 17. Jahrhunderts.

334-335 • Die südfranzösische Festungsstadt Carcassonne ist umgeben von einem imposanten Mauerring.

335 • Die Juwelen von Avignon sind der Papstpalast und die berühmte Brücke. Außerdem ist die Stadt Veranstaltungsort eines wichtigen Theaterfestivals.

Die Stadt Córdoba in Andalusien hat eine Vielzahl beeindruckender Bauwerke zu bieten, darunter die römische Brücke über den Fluss Guadalquivir.

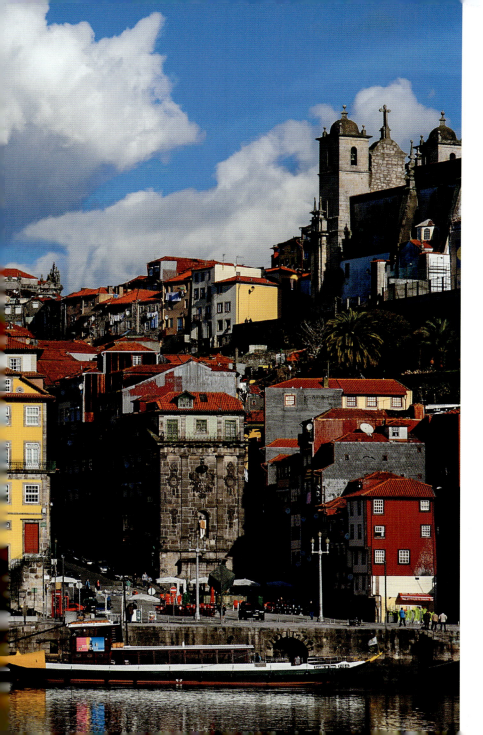

● Die portugiesische Stadt Porto liegt an den Ufern des Douro unweit dessen Mündung in den Atlantik. An den Flussufern liegen die alten Häuser der Stadt und die Portweinkellereien.

340 • Die Altstadt von Krakau,
eine der schönsten in ganz Polen,
konzentriert sich rings um
den Marktplatz.

340-341 • Die bedeutendste
Sehenswürdigkeit der polnischen
Hauptstadt Warschau ist
die Altstadt, die nach der
Zerstörung durch deutsche
Besatzungstruppen originalgetreu
wieder aufgebaut wurde.

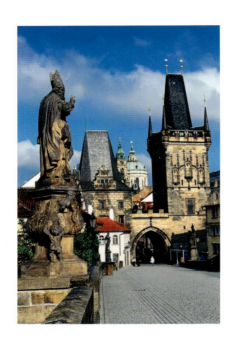

In Staré Mesto, der Prager Altstadt (Tschechische Republik), stehen Baudenkmäler wie das Rathaus, die Astronomische Uhr und die gotische Teynkirche.

344 ● Schloss Belvedere in Wien wurde von Baumeister Johann Lucas von Hildebrandt für Prinz Eugen von Savoyen erbaut.

345 ● In der österreichischen Hauptstadt gibt es eine lange Liste an historischen Bauwerken, eines davon ist das Rathaus.

● Die österreichische
Stadt Salzburg ist
berühmt für die über
der Stadt thronende
Festung, vor allem aber
auch als Geburtsort
von Wolfgang
Amadeus Mozart.

● Die mittelalterliche Stadt Sighisoara (Schäßburg) in Rumänien wurde von deutschen Einwanderern, den Siebenbürger Sachsen, gegründet.

350-351 ● Venedig gehört zu den bekanntesten Städten der Welt. Das Labyrinth aus Kanälen und Palazzi erreicht rings um den Markusplatz seinen Höhepunkt.

351 ● Die 1591 fertiggestellte Rialto-Brücke ist heute die älteste und berühmteste Brücke über den Canal Grande in Venedig.

● Die Piazza dei
Miracoli in Pisa stellt mit
ihren Gebäuden aus
Marmor, vom
berühmten Schiefen
Turm bis zur
Kathedrale,
ein wunderbares
Ensemble dar.

● Der Vatikan ist das
Wahrzeichen der katholischen
Kirche. Vor dem Petersdom mit
der Kuppel von Michelangelo
öffnet sich der von Bernini
entworfene, von Kolonnaden
gesäumte Petersplatz.

Eine mächtige Stadtmauer umfasst die Altstadt von Dubrovnik in Kroatien und bewahrt die venezianisch geprägten aus Stein gebauten Juwelen der Stadt.

Istanbul in der Türkei besticht durch sein Mosaik aus sich im Bosporus spiegelnden Kuppeln und Minaretten.

● La Valletta, Hauptstadt von Malta, ist eine ganz in Ockertönen gehaltene, stimmungsvolle Stadt. 320 Bauwerke stehen hier auf einer Fläche von 55 Hektar.

● Kairo gehört zu den ältesten islamischen Hauptstädten der Welt. Die Altstadt geht zurück in das 10. Jahrhundert und steht seit 1979 unter dem Schutz der UNESCO. Das Bild links zeigt die Sultan-Hasan-Moschee, rechts die Zitadelle mit der Mohammed-Ali-Moschee (Alabastermoschee).

364 ● Das Stadttor Bab Mansour ist von den acht monumentalen Toren in der Stadtmauer von Meknès das größte.

364-365 ● Die alte Königsstadt Fez bewahrt Schätze wie die Medrese Bou Inania mit ihrem Minarett.

● Die Altstadt von Marrakesch in Marokko entwickelt sich rings um den großen Platz Djemaa el Fna, an dessen südlichem Ende die große Koutubia-Moschee steht.

Die malische Stadt Djenné, ein wichtiges Handelszentrum des Landes, ist berühmt für seine Lehmbauten, insbesondere die Große Moschee, ein herausragendes Beispiel sudanesisch-sahelianischer Architektur.

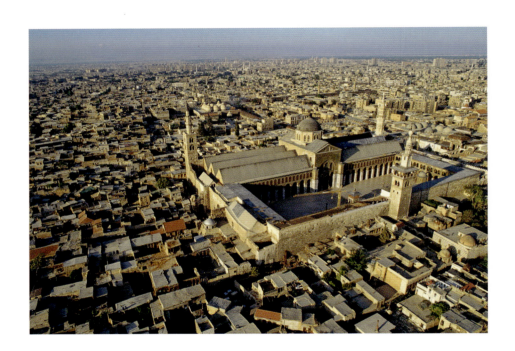

● Die Umayyaden-Moschee in Damaskus wurde unter Kalif al-Walid I. in den Jahren 706 bis 715 an der Stelle eines früheren heidnischen Tempels und einer christlichen Kirche errichtet.

● Sanaa, die jemenitische Hauptstadt, hat weit zurückreichende Wurzeln: Der Legende zufolge stammt sie sogar aus biblischer Zeit und wurde von Sem, dem ältesten Sohn Noahs, gegründet. Seit 1986 steht die Stadt auf der Welterbeliste.

● Das gigantische Bauwerk des Potala-Palastes herrscht über das ganze Tal von Lhasa, auf 3700 Metern Höhe.

Die Verbotene Stadt in Peking, China, zählt etwa 800 Gebäude, darunter Paläste, Pavillons und Tempel, und erstreckt sich auf einer Fläche von 70 Hektar. Der zwischen 1406 und 1420 errichtete Komplex war der Kaiserpalast der Ming- und der Qing-Dynastien.

● Der Sommerpalast unweit von Peking (China) in seiner Version des ausgehenden 19. Jahrhunderts ist ein Meisterwerk der chinesischen Gartenkunst.

● Der Himmelstempel ist ein
Ensemble aus taoistischen
Tempelbauten, erbaut ab 1420.

● Luang Prabang, vom 14. bis zum 16. Jahrhundert Hauptstadt des ersten Königreichs Laos, ist geprägt durch zahlreiche Tempel und gehört seit 1995 zum UNESCO-Welterbe.

384 • Der buddhistische Tempel Daigo-ji wurde im 10. Jahrhundert gebaut und ist damit der älteste in Kyoto.

384-385 • Die buddhistischen Tempel von Kiyomizu-dera gehören zu den bedeutendsten Sehenswürdigkeiten von Kyoto.

● Rokuon-ji ist der ursprüngliche offizielle Name des Tempels Kinkaku-ji. Er ist eines der besten Beispiele für die Integration von Architektur in die Landschaft in Kyoto und ganz Japan.

● Château Frontenac ist das Wahrzeichen der Oberstadt von Old Québec in Kanada, die im 17. Jahrhundert von dem französischen Forschungsreisenden Champlain gegründet wurde.

● Die Altstadt von Lunenburg im kanadischen Nova Scotia wird von der UNESCO als eines der schönsten Beispiele britischer Besiedlung auf dem Neuen Kontinent angesehen.

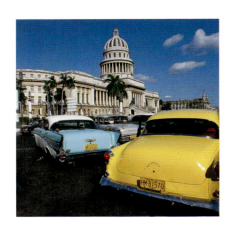

Die Altstadt von Havanna auf Kuba, La Habana Vieja, wurde im 16. Jahrhundert von den Spaniern gegründet und ist eine der faszinierendsten Kolonialstädte der Welt. Links das Kapitol, rechts der berühmte Malecón.

● Guanajuato in Mexiko, eine
alte Bergwerksstadt, ist ein
farbenfrohes Patchwork
aus barocken und
klassizistischen Gebäuden.

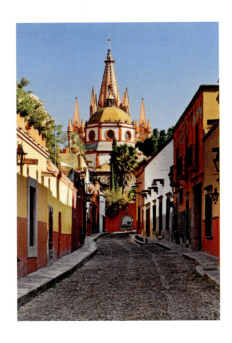

Die mexikanische Stadt San Miguel de Allende wurde im 16. Jahrhundert gegründet, die außergewöhnlichen barocken Bauwerke entstanden allerdings erst im 18. Jahrhundert.

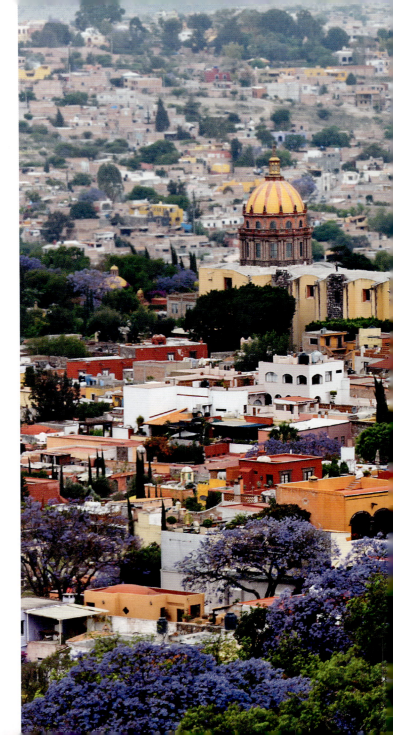

398 ● In Bolivien erklärte die UNESCO auch die Altstadt von Sucre, die erste Hauptstadt des Landes, zum Welterbe. Viele ihrer Kirchengebäude (aus dem 16. Jahrhundert) sind perfekt erhalten.

398-399 ● In prähispanischer Zeit war Potosí in Bolivien ein kleines Bergdorf. Mit der Entdeckung des größten Silbervorkommens der Neuen Welt im 16. Jahrhundert entwickelte es sich dann zu einer reichen Stadt.

SCHÄTZE der KUNST

- Die vom 12. bis zum 14. Jahrhundert errichtete Kathedrale Notre-Dame de Paris gehört zu den schönsten und größten Kathedralen Frankreichs.

EINLEITUNG Schätze der Kunst

RÖMISCHE MONUMENTE, KATHEDRALEN, SCHLÖSSER, BURGEN, PALÄSTE. ABER AUCH ZEITGENÖSSISCHE BAUWERKE WIE DAS SYDNEY OPERA HOUSE IN AUSTRALIEN, DAS SEIT SEINER EINWEIHUNG IM JAHR 1973 MIT SEINER INNOVATIVEN, AN EINE SKULPTUR ERINNERNDEN SILHOUETTE DAS STADTBILD PRÄGT. ODER GÄRTEN, WIE DER PRÄCHTIGE PARK VON SCHLOSS SCHÖNBRUNN IN WIEN, EINES DER GROßARTIGSTEN BEISPIELE DES EUROPÄISCHEN BAROCKS, ZUSAMMEN MIT SCHLOSS VERSAILLES NATÜRLICH, DER IMPOSANTEN RESIDENZ FRANZÖSISCHER MONARCHEN UND ERGEBNIS DER ARBEIT GANZER GENERATIONEN VON ARCHITEKTEN, BILDHAUERN, GÄRTNERN, DEKORATEUREN UND KUNSTTISCHLERN … EINE UNGLAUBLICH GROßE ZAHL AN BAUWERKEN GEHÖRT ZUM UNESCO-WELT-KULTURERBE. SIE ZIEHEN SICH ÜBER ALLE EPOCHEN, ÜBERSCHREITEN OFT STAATSGRENZEN UND ZIEHEN UNS IN IHREN BANN MIT IHRER ZEITLOSEN ANMUT. ES SIND UNIVERSELLE MEISTERWERKE, ABER SIE STEHEN AUCH

• Das Sydney Opera House in Australien wurde nach Plänen des dänischen Architekten Jørn Utzon gebaut und gehört seit 2007 zum UNESCO-Welterbe.

EINLEITUNG Schätze der Kunst

FÜR DIE ZIVILISATION, DIE SIE HERVORGEBRACHT HAT. OFT HANDELT ES SICH UM EIN EINZELNES GEBÄUDE ODER EINE EINZELNE KÜNSTLERISCHE AUSDRUCKSFORM. MANCHMAL GEHT ES ABER AUCH UM EIN GEFÜGE AUS MEHREREN, DURCH EINEN ROTEN FADEN VERBUNDENE BAUTEN MIT EINER PRÄZISEN – UND GEMEINSAMEN –KULTURELLEN UND GESELL-SCHAFTLICHEN AUSSAGE. EIN GUTES BEISPIEL HIERFÜR SIND DIE FLÄ-MISCHEN BEGINENHÖFE, UM EINEN INNENHOF GRUPPIERTE WOHN-ANLAGEN, DIE DAS BILD VIELER BELGISCHER STÄDTE IN FLANDERN PRÄGEN. ODER DIE FELSENKIRCHEN VON LALIBELA IN ÄTHIOPIEN: ELF ALS MONOLITHEN AUS DEM UMLIEGENDEN TUFFGESTEIN HERAUS-GESCHLAGENE, UNTEREINANDER DURCH GÄNGE VERBUNDENE KIRCHEN. ODER DIE JESUITENREDUKTIONEN DER GUARANÍ, VOM 16. BIS ZUM 18. JAHRHUNDERT IN ARGENTINIEN UND BRASILIEN ERRICHTETE SIEDLUNGEN ZUR MISSIONIERUNG DER UREINWOHNER … EINE DER BEKANNTESTEN STÄTTEN IN SÜDAMERIKA IST RAPA NUI, WIE DIE ZU CHILE GEHÖRENDE OSTERINSEL IN DER SPRACHE DER EINHEIMISCHEN HEIßT. IN DEN MOAI,

EINLEITUNG Schätze der Kunst

DIESEN KOLOSSALEN STEINSTATUEN, GESCHAFFEN VON EINER UM 300 N. CHR. AUS POLYNESIEN HIERHER GEKOMMENEN BEVÖLKERUNG, SIEHT DIE UNESCO EINES DER AUSSERGEWÖHNLICHSTEN KULTURELLEN PHÄNOMENE DER ERDE. ZWAR FINDEN SICH AUCH WOANDERS LINKS UND RECHTS VOM ÄQUATOR BEDEUTENDE STÄTTEN – MAN DENKE AN DAS KATHARINEN-KLOSTER AUF DER ÄGYPTISCHEN HALBINSEL SINAI AM FUSS DES MOSES-BERGS, EIN FÜR ALLE DREI MONOTHEISTISCHEN RELIGIONEN HEILIGER ORT, ODER AN DAS TAJ MAHAL IN INDIEN, DIESES MAUSOLEUM AUS WEISSEM MARMOR UND SYMBOL DER UNENDLICHEN LIEBE EINES MANNES (GROSS-MOGUL SHAH JAHAN) ZU SEINER FRAU. DIE MEISTEN STÄTTEN DES WELT-KULTURERBES ALLERDINGS FINDEN SICH IN EUROPA. VON DEN ÄLTESTEN BAUWERKEN, WIE DEM RÖMISCHEN AQUÄDUKT PONT DU GARD IN FRANK-REICH, EINEM TECHNISCHEN MEISTERWERK, BIS ZU MODERNEREN, WIE DEM BAUHAUS MIT SEINEN STÄTTEN IN WEIMAR UND DESSAU, JENE KUNST-SCHULE, DIE ZWISCHEN 1919 UND 1933 ALLE REGELN VON DESIGN UND ARCHITEKTUR REVOLUTIONIERTE, LASSEN SICH DIE VON MENSCHENHAND

EINLEITUNG Schätze der Kunst

GESCHAFFENEN BAUWERKE KAUM ZÄHLEN. ZWISCHEN DIESEN BEIDEN EX-TREMEN, DEN BRÜCKEN DES RÖMISCHEN KAISERREICHS UND DER VON WALTER GROPIUS GEGRÜNDETEN BEWEGUNG, STOßEN WIR AUF KLÖSTER (HERAUSRAGEND DIE BASILIKA SAN FRANCESCO MIT FRESKEN VON GIOTTO UND CIMABUE), BOTANISCHE WUNDERWERKE WIE DIE ROYAL BOTANIC GARDENS VON KEW IN ENGLAND, EINES DER ÄLTESTEN ZEUGNISSE DER GARTENBAUKUNST IN DER ZEIT VOM 18. BIS ZUM 20. JAHRHUNDERT, ABER AUCH AUF ORTE, DIE FÜR EINE DER DUNKELSTEN EPOCHEN DER MENSCH-HEITSGESCHICHTE STEHEN, WIE DAS KONZENTRATIONSLAGER AUSCHWITZ IN POLEN. EIN WEITGESPANNTER ZEITLICHER BOGEN FÜR EINE SCHIER UN-ENDLICHE UND VIELFÄLTIGE LISTE VON MEISTERWERKEN. DENN ZWISCHEN DEN TEMPELN DER RÖMER UND DENEN DER GROßEN ARCHITEKTEN DES 20. JAHRHUNDERTS LIEGT DIE GESAMTE WELTGESCHICHTE.

• Die Basilika San Francesco in Assisi ist mit einem weltweit einzigartigen Freskenzyklus verziert, der Werke von Giotto, Cimabue, Pietro Lorenzetti und Simone Martini enthält.

Schloss Kronborg auf der dänischen Insel Sjaelland, anfänglich im Stil der Nordischen Renaissance errichtet, wurde immer weiter ausgebaut und galt im 17. und 18. Jahrhundert als Vorbild für die Militärarchitektur.

● Das Anwesen Drottningholm am Ufer des westlich von Stockholm gelegenen Mälaren mit seinem Schloss, Theater, chinesischem Pavillon und den Gärten ist eines der schönsten Beispiele einer europäischen Königsresidenz des 18. Jahrhunderts.

412 • Schloss Peterhof gilt als das russische Versailles. Der Palastkomplex liegt eine Stunde von Sankt Petersburg entfernt am Finnischen Meerbusen.

412-413 • 26 Kilometer von Sankt Petersburg entfernt liegt die Zarenresidenz Zarskoje Selo (in der heutigen Stadt Puschkin), ein Ensemble aus wunderbaren Schlössern und Gebäuden.

● In der russischen
Stadt Sergijew Possad
steht eines der
bedeutendsten
Ensembles aus
Gebäuden der
russisch-orthodoxen
Kirche, das
Dreifaltigkeitskloster
des Heiligen Sergius.

● Das Kiewer Höhlenkloster ist eine historische Stätte. Es war vom 17. bis zum 19. Jahrhundert von grundlegender Bedeutung für die Entwicklung der russisch-orthodoxen Kirche in der Ukraine.

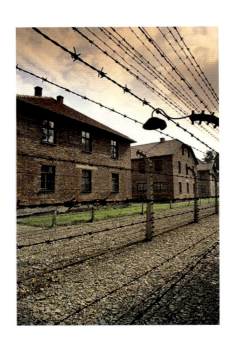

Das Konzentrationslager von Auschwitz in Polen ist zum universellen Symbol für den durch die Nationalsozialisten verübten Völkermord geworden.

• Die Marienburg in der polnischen Stadt Malbork ist eine Burganlage aus dem 13. Jahrhundert, errichtet durch den Deutschen Orden, einer der Ritterorden aus der Zeit der Kreuzzüge in das Heilige Land.

Schloss Schönbrunn, Residenz
der Habsburger seit dem 18.
Jahrhundert bis zum Ende des
Ersten Weltkriegs, gehört
zu den meist besuchten
Sehenswürdigkeiten Wiens.

Das Potsdamer Welterbe umfasst 150 Gebäude, die zwischen 1730 und 1860 errichtet wurden, sowie eine Fläche von 500 Hektar an Park- und Gartenlandschaften.

● Die Festung Marienberg in Würzburg liegt auf einer Bergzunge hoch über dem Main. Sie war die Residenz der Würzburger Fürstbischöfe bis zur Fertigstellung des barocken Residenzbaus in der Stadt selbst.

428 und 428-429 ● Die Kathedrale Notre-Dame de Paris war eine der ersten in gotischem Stil gebauten Kirchen. Mächtige Strebebögen stützen außen den Bereich der Apsis, die innen durch großzügige Fenster angestrahlt wird.

430-431 ● Der Park von Versailles vor den Toren von Paris ist mit seinen wundervollen Seen, Brunnen und Wasserspielen ein Meisterwerk der Gartenbaukunst.

● Der Spiegelsaal von Versailles, der berühmteste Raum des Schlosses, ist 73 Meter lang und diente als Verbindung zwischen den Gemächern des Königs und denen der Königin. Am 28. Juni 1919 wurde hier der Friedensvertrag von Versailles unterzeichnet, der endgültig den Ersten Weltkrieg beendete.

● Die ab Mitte des 12. Jahrhunderts errichtete Kathedrale von Chartres markiert den Höhepunkt französischer Gotik.

● Das Château de
Chambord, ein
wundervolles
Renaissanceschloss,
gehört zu den meist
besuchten Schlössern
im Tal der Loire.

438 • Die kleine französische Stadt Amboise gehört zum UNESCO-Weltkulturerbe Loiretal.

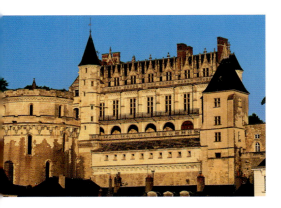

438-439 • Das Wasserschloss Chenonceau liegt im Bereich der Loire zwischen Sully-sur-Loire und Chalonnes, dem von der UNESCO zum Welterbe erklärten Abschnitt.

● Die Silhouette des Tower of London entstand unter Wilhelm dem Eroberer, wurde aber im Laufe der Jahrhunderte erweitert und bewahrt heute die britischen Kronjuwelen.

442-443 und 443 •
Die Alhambra in Granada,
eine mächtige Zitadelle voller
Kunstschätze, gehört zu den
Meisterwerken islamischer
Kunst in Spanien.

444-445 • Die Kathedrale von
Sevilla wurde ab 1401 an der Stelle
errichtet, wo zuvor die alte
Moschee der Stadt stand. Der
Glockenturm Giralda, das ehemalige
Minarett, ähnelt in der Bauweise
dem Minarett der Koutubia-
Moschee von Marrakesch.

● Das Monestir de Santa
Maria de Poblet gehört
zu den imposantesten
Zisterzienserklöstern
Spaniens (Provinz
Tarragona).

● Das nach dem Sieg der Portugiesen über das Königreich Kastilien (1385) errichtete Kloster von Batalha ist die perfekte Synthese von Gotik und Manuelinik.

Das Abendmahl von
Leonardo da Vinci
befindet sich in der
Kirche Santa Maria
delle Grazie in Mailand.
Trotz der schwierigen
Konservierung
aufgrund der vom
Künstler verwendeten
Seccotechnik bleibt
dieses Werk eines der
größten Kunstwerke
der Renaissance.

● Der Königspalast von Caserta,
gebaut im 18. Jahrhundert als
Residenz der Bourbonen, sollte
ebenso prächtig sein wie
Versailles. Seit 1997 steht das
Schloss auf der Welterbeliste.

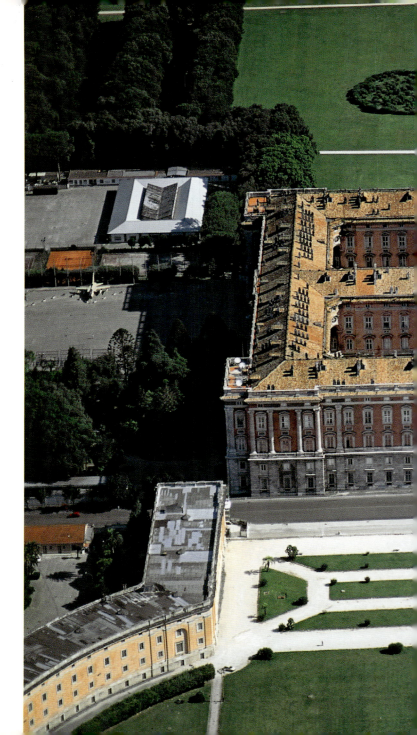

Das im 10. Jahrhundert gegründete Kloster Rila in Bulgarien spielte im sozialen und religiösen Leben des Landes eine wichtige Rolle.

● Nur sechs der 24 auf hohen Felsen am Rand der Ebene von Thessalien in Griechenland erbauten Meteora-Klöster sind heute noch von orthodoxen Mönchen bewohnt.

Die Region von Troodos auf Zypern ist bekannt für ihre Kirchen mit kostbaren byzantinischen Fresken. Die Wandmalereien in den Kirchen und Klöstern von Troodos sind ein schönes Beispiel für feinste religiöse Kunst in einer landwirtschaftlich geprägten Region.

460 ● Die byzantinischen Klöster in Haghpat und Sanahin in Armenien bringen die kulturelle und künstlerische Größe der hier vom 9. bis zum 13. Jahrhundert herrschenden Kiurikian-Dynastie zum Ausdruck.

461 ● Die im 7. Jahrhundert erbaute St. Gajane-Kirche in Etschmiadsin gehört zusammen mit der Kathedrale und der Sankt-Hripsime-Kirche zu den Glanzpunkten armenischer Kirchenarchitektur.

Das am Fuß des Berges Sinai liegende Katharinenkloster auf der ägyptischen Sinai-Halbinsel ist seit mehr als 17 Jahrhunderten ein Symbol für das Christentum.

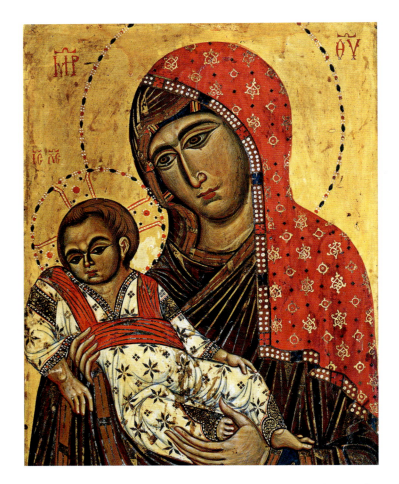

Von besonderer Bedeutung sind die Kirche aus dem 6. Jahrhundert, die Kapelle des Brennenden Dornbuschs und die Bibliothek.

466 ● In Abu Dhabi, dem größten der sieben Vereinigten Arabischen Emirate, befinden sich die Zeugnisse der Vergangenheit in der Kulturstätte von Al Ain.

466-467 ● Die Kulturstätte von Al Ain belegt eine Besiedlung der Wüste durch den Menschen schon in der Jungsteinzeit.

● Die Festung Hisn Tamah in der Oasenstadt Bahla in Oman wurde unter dem Stamm der Banu Nabhan gebaut, der vom 12. bis zum 15. Jahrhundert über die Region herrschte.

● Die majestätischen Bauwerke in
Isfahan im Iran stammen aus der
Zeit der Safawiden, insbesondere
aus der Zeit unter Schah Abbas I.
(1557–1629).

472 ● Tamerlan (Timur) hatte Samarkand als Hauptstadt seines Reiches auserwählt: Hier befindet sich auch seine Grabstätte, das Gur-Emir-Mausoleum.

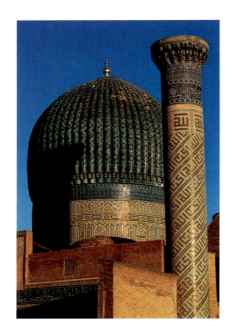

472-473 ● Die mit unzähligen Mosaiksteinen verzierten Medresen am Registan, dem prächtigen Platz in Samarkand, sind ein bedeutender Ausdruck islamischer Kunst.

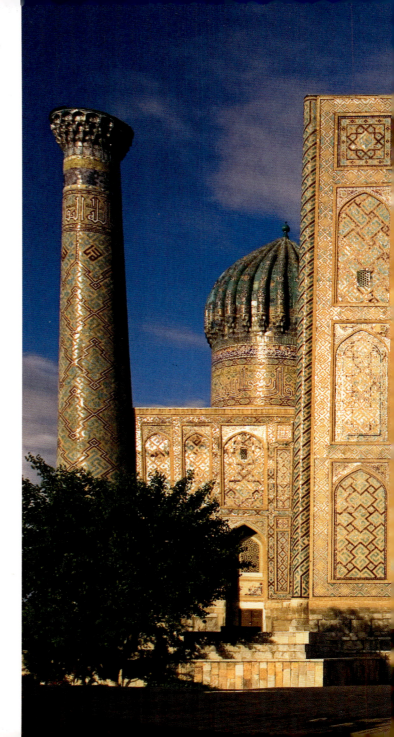

- Das Rote Fort in der indischen Stadt Agra ist von einer 2,5 Kilometer langen Mauer umgeben. Es verdankt seinen Namen dem für den Bau verwendeten roten Sandstein.

Das absolute Wahrzeichen der Stadt Agra im indischen Bundesstaat Uttar Pradesh ist das Taj Mahal, das Shah Jahan im Gedenken an seine verstorbene Gattin hat errichten lassen.

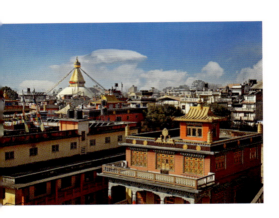

● Der Stupa von Bodnath in Kathmandu in Nepal ist einer der größten weltweit. An dem buddhistischen Heiligtum stehen viele tibetanische Klöster.

● Der buddhistische Tempelkomplex Bulguksa in Südkorea wurde errichtet im 8. Jahrhundert und umfasst eine Reihe hölzerner Gebäude auf steinernen Terrassen.

• Die Hwaseong-Festung in Südkorea stammt aus dem Ende des 13. Jahrhunderts. Die etwa sechs Kilometer lange Umfassungsmauer hat Türme, Bastionen und monumentale Tore.

● Die Tempelanlage Tÿdai-ji in der japanischen Stadt Nara gilt als nationales Kulturerbe. Im Tempel stehen große, wundervoll gearbeitete Bronzestatuen.

● Mit ihren 83 aus dem 17. Jahrhundert stammenden einzelnen Gebäuden ist Burg Himeji das schönste jemals gebaute Beispiel einer japanischen Burg.

Das Friedensdenkmal im japanischen Hiroshima erinnert an den Abwurf der Atombombe am 6. August 1945.

Der Shinto-Schrein von Itsukushima auf der gleichnamigen japanischen Insel ist ein Meisterwerk aus dem 6. Jahrhundert.

● Die Holzkirche
Nercón auf der
chilenischen Insel
Chiloé in Patagonien ist
eine der 16 Kirchen, die
die UNESCO im Jahr
2000 in das
Weltkulturerbe
aufgenommen hat.

● Die von den Franzosen
Bartholdi und Eiffel entworfene
und von 1880 bis 1886 errichtete
Freiheitsstatue beherrscht mit
ihren 93 Metern Höhe von einem
Sockel auf Liberty Island aus die
Bucht von New York.

● Zu den von Architekt Oscar
Niemeyer für Brasilia – seit 1960
Hauptstadt von Brasilien –
entworfenen Projekten gehören
die Kathedrale und das
Kongressgebäude.

REGISTER

REGISTER

FOTONACHWEIS

123RF.com: S. 148-149
Abercrombie, Lynn/National Geographic Stock: S. 260
Ivan S. Abrams/Getty Images: S. 455
Peter Adams/Corbis: S. 384-385
Peter Adams/Getty Images: S. 113
AFP/Getty Images: S. 424-425
Africanway/iStockphoto: S. 368-369
Aisa/Mondadori Portfolio: S. 214-215
Steve Allen/Getty Images: S. 418-419
Glen Allison/Getty Images: S. 225
Theo Allofs/Getty Images: S. 104-105
Angga2cool/Getty Images: S. 483
Luca Arista/123RF.com: S. 422-423
Antonio Attini/Archivio White Star: S. 10-11, 30-31, 76-77, 147, 210-211, 212, 212-213, 218-219, 268-269, 288, 301, 392, 392-393
Jon Arnold/Getty Images: S. 423
Auscape/UIG/Getty Images: S. 122-123
Michael Aw/Getty Images: S. 109
Pierre-Yves Babelon/iStockphoto: S. 87
Baldizzone/De Agostini Picture Library: S. 228
John W Banagan/Getty Images: S. 14-15
Franco Banfi/WaterFrame/Getty Images: S. 89
Franco Barbagallo/Archivio White Star: S. 9
Scott E Barbour/Getty Images: S. 403
Bartosz Hadyniak/iStockphoto: S. 2-3
Adrian Beesley/iStockphoto: S. 362
Judy Bellah/Getty Images: S. 489
Marcello Bertinetti/Archivio White Star: S. 4-5, 12-13, 50-51, 70-71, 135, 183, 187, 208-209, 226-227, 235, 238, 248, 242-243, 243, 264-265, 265, 267, 274, 282-283, 300, 328, 328-329, 350-351, 351, 352-353, 354-355, 355, 362-363, 376, 376-377, 381, 462-463, 476-477, 477
Yann Arthus-Bertrand/Corbis: S. 68-69
Rieger Bertrand/hemis.fr/Getty Images: S. 430-431
Gary Blakeley/iStockphoto: S. 494-495
Mariusz Blach/iStockphoto: S. 144
Saffron Blaze/Getty Images: S. 322

Steve Bly/Getty Images: S. 390-391
Artur Bogacki/iStockphoto: S. 54-55
Boonsom/iStockphoto: S. 273
Livio Bourbon/Archivio White Star: S. 214, 272, 274-275
Massimo Borchi/Archivio White Star: S. 90, 180-181, 266-267, 268, 288-289, 290, 290-291, 292-293, 294-295, 295, 296, 297
Sergey Borisov/iStockphoto: S. 428-429
Brice M./Getty Images: S. 146-147
W. Buss/De Agostini Picture Library: S. 188, 202, 226, 245, 262-263, 280-281, 281, 316-317, 318-319, 319, 340, 361, 412, 413, 414-415, 448, 454-455, 461, 474-475, 475
Philippe Cabot/Getty Images: S. 94
Sean Caffrey/Getty Images: S. 460
G. Carfagna/De Agostini Picture Library: S. 206-207
Joel Carillet/iStockphoto: S. 258-259
G. P. Cavallero/De Agostini Picture Library: S. 418
Robert Churchill/Getty Images: S. 24-25
Rafal Cichawa/iStockphoto: S. 160-161, 398-399
N. Cirani/De Agostini Picture Library: S. 443
David Clapp/Getty Images: S. 487
Pierre Colombel/Corbis: S. 276
Concessione Ministero Beni e Attività Culturali/Foto Scala, Firenze: S. 450-451
Anne Conway/Archivio White Star: S. 452-453
Feargus Cooney/Getty Images: S. 116-117
Ben Cranke/Getty Images: S. 125
Philip Craven/Getty Images: S. 416
Emi Cristea/iStockphoto: S. 348
A. Dagli Orti/Getty Images: S. 202-203, 204
G. Dagli Orti/De Agostini Picture Library: S. 194, 194-195, 199, 200, 220, 223, 256, 298, 299
G. Dagli Orti/Getty Images: S. 192-193

J.D. Dallet/Age fotostock: S. 244-245
C. Dani & I. Jeske/De Agostini Picture Library: S. 140-141
Ed Darack/Getty Images: S. 132-133
David Wall Photo/Getty Images: S. 114-115
De Agostini Picture Library: S. 302, 303, 428
A. De Gregorio/Getty Images: S. 204-205
Araldo De Luca/Archivio White Star: S. 210, 234-235, 236-237, 278, 279, 464, 465
DeadDuck/iStockphoto: S. 409
Danita Delimont/Getty Images: S. 130-131, 254-255, 255
Dainis Derics/123RF.com: S. 458
Grant Dixon/Getty Images: S. 119
Guy Edwardes/Getty Images: S. 16-17
John Elk/Getty Images: S. 398
Michele Falzone/Getty Images: S. 372-373, 472-473
M. Fantin/De Agostini Picture Library: S. 229
Feng Wei Photography/Getty Images: S. 99
Ferwulf/123RF.com: S. 484-485
Sue Flood/Getty Images: S. 62
Fotosearch/Getty Images: S. 480-481
Leroy Francis/Getty Images: S. 349
Armando Frazão/123RF.com: S. 448-449
Josef Friedhuber/Getty Images: S. 164
Lee Frost/Getty Images: S. 366-367
Josè Fuste Raga/Corbis: S. 371
F. Galardi/De Agostini Picture Library: S. 64
Philip Game/Lonely Planet Images/Getty Images: S. 58-59, 59
Japanese Gardens/Alamy/Milestone Media: S. 384
Alfio Garozzo/Archivio White Star: S. 33, 174-175, 175, 176, 177, 218, 364
Alexander Gatsenko/iStockphoto: S. 320-321
Getty Images: S. 95, 98-99
Itamar Grinberg/Archivio White Star: S. 250-251

Annie Griffiths Belt/Getty Images: S. 110-111
Justin Guariglia/Getty Images: S. 407
Darrell Gulin/Getty Images: S. 171
Bobby Haas/National Geographic Stock: S. 157
Janne Hämäläinen/iStockphoto: S. 166-167
Cuan Hansen/Getty Images: S. 492-493
Robert Harding World Imagery/GettyImages: S. 188-189
Jules Hardouin Mansart/Getty Images: S. 432-433
Peter Harrison/Getty Images: S. 120-121
Patrice Hauser/Getty Images: S. 224
Jason Hawkes/Getty Images: S. 440-441
Jon Helgason/iStockphoto: S. 150-151
Peter Hendrie/Getty Images: S. 111
Chris Hepburn/iStockphoto: S. 322-323
Louise Heusinkveld/Getty Images: S. 438-439
Chris Hill/Getty Images: S. 46
David Hiser/Stone/Getty Images: S. 270
Per-Andre Hoffmann/Getty Images: S. 100-101
Homebrew Films Company/Getty Images: S. 80, 80-81
Jeff Hunter/Getty Images: S. 156
Iarigan - Patricia Hamilton/Getty Images: S. 313
IIC/Axiom/Getty Images: S. 47
The Image Bank/Getty Images: S. 330-331, 332-333
Image House/a.Collections RF/Getty Images: S. 107
IMAGEMORE Co.,Ltd./Getty Images: S. 28-29
Jodi Jacobson/Getty Images: S. 136-137
P. Jaccod/De Agostini Picture Library: S. 285
Magdalena Jankowska/iStockphoto: S. 246-247
John Kellerman/Alamy/Milestone Media: S. 434-435

FOTONACHWEIS

Keren Su/China Span/Getty Images:
S. 96, 97
Keren Su/Corbis: S. 190-191
Krahmer/Naturepl.com/National
Geographic Stock: S. 52-53
Philip Lange/Archivio White Star:
S. 466, 466-467
Frans Lanting/Getty Images: S. 164-165, 172
Frans Lanting/National Geographic
Stock: S. 66-67, 86, 108-109
Graham Lawrence/Getty Images: S. 417
Luis Leonardo/Getty Images: S. 338-339
Jeremy Lessem/iStockphoto: S. 163
Monika Lewandowska/iStockphoto:
S. 340-341
Marcello Libra: S. 40, 40-41, 44-45,
56-57, 57
Marcello Libra/Archivio White Star:
S. 249, 252, 252-253, 326, 326-327, 344, 345
Dave Logan/iStockphoto: S. 378-379
Adam Long/iStockphoto: S. 141
Wayne Lynch/Getty Images: S. 124
M. G. Marchelli/De Agostini Picture
Library: S. 230-231
Nino Marcutti/iStockphoto: S. 356-357
Richard McManus/Getty Images: S. 312-313
Michael Melfrod/National Geographic
Stock: S. 88
Brent Melton/iStockphoto: S. 494
Richard Merritt/Getty Images: S. 159
David Messent/Getty Images: S. 118-119
Mint Images - Frans Lanting/Getty
Images: S. 78-79, 79
Bruno Morandi/Robert Harding/Getty
Images: S. 220-221
Mordolff/iStockphoto: S. 305
Volker Müther/iStockphoto: S. 426-427
Narvikk/iStockphoto: S. 380-381
Ramon Navarro/Getty Images: S. 48
Michael Nichols/National Geographic
Stock: S. 153
Chris Nicolson/Robert Harding/Getty
Images: S. 325
Klaus Nigge/Getty Images: S. 134-135

Nikada/iStockphoto: S. 358, 401
G. Nimatallah/Getty Images: S. 271
Nimu1956/iStockphoto: S. 364-365
Kazuhiro Nogi/Getty Images: S. 488
Oasis/Getty Images: S. 482-483
Yoshikazu Onishi/Getty Images:
S. 486-487
Panoramic Images/Getty Images: S. 173
Panoramic Stock Images/National
Geographic Stock: S. 72-73
Greg Panosian/iStockphoto: S. 145
Nigel Pavitt/Getty Images: S. 60-61
Carsten Peter/National Geographic Stock:
S. 102, 102-103
Peter Walton Photography/Getty Images:
S. 126, 127, 128-129
Ben Pipe/Robert Harding World
Imagery/Corbis: S. 386-387
Igor Plotnikov/iStockphoto: S. 92-93
Michael Poliza/National Geographic
Stock: S. 74, 75
Bob Pool/Getty Images: S. 138-139
Tatiana Popova/iStockphoto: S. 357
Priyanka Haldar Photography/Getty
Images: S. 139
Brian Raisbeck/iStockphoto: S. 382-383
Reid Rich/National Geographic Stock:
S. 152
Jim Richardson/National Geographic
Stock: S. 64-65
Juergen Richter/Getty Images: S. 459
Giovanni Rinaldi/iStockphoto: S. 259
Juergen Ritterbach/Getty Images:
S. 162-163
L. Romano/De Agostini Picture Library:
S. 286-287
Martin Ruegner/Getty Images: S. 48-49
Michael Runkel/Robert Harding World
Imagery/Getty Images: S. 307
Cyril Ruoso/JH Editorial/Getty Images:
S. 26-27
Rusm/iStockphoto: S. 408
Alexander Safonov/Getty Images: S. 158
Stephen Saks/Getty Images: S. 388-389
Ignacio Salaverria Garzon/iStockphoto:
S. 142-143

C. Sappa/De Agostini Picture Library:
S. 198-199, 222-223, 261, 335,
438, 468-469, 472
Schreider, Frank & Helen/ National
Geographic Stock: S. 256-257
Michael Schwab/Getty Images: S. 38-39
M. Seemuller/Getty Images: S. 192
Richard Semik/123RF.com: S. 436-437
Shashinkoubou/Getty Images: S. 42-43
G. Sioen/De Agostini Picture Library:
S. 284, 442-443
Vilhelm Sjostrom/Getty Images: S. 394-395
Brian J. Skerry/Getty Images: S. 106-107
Witold Skrypczak/Getty Images:
S. 420-421
Frederic Soltan/Corbis: S. 370
Sylvain Sonnet/Corbis: S. 444-445
G. Sosio/De Agostini Picture Library:
S. 452
Bruno Spada/Getty Images: S. 496
Jane Sweeney/Getty Images: S. 496-497
T-Immagini/iStockphoto: S. 382
Charles Taylor/iStockphoto: S. 478-479
Medford Taylor/National Geographic
Stock: S. 154-155, 155
TCYuen/Getty Images: S. 277
Terraxplorer/iStockphoto: S. 374-375
Reinhard Tiburzy/iStockphoto: S. 133
Vitaly Titov/123RF.com: S. 446-447
tk21hx/Getty Images: S. 490-491
Aleksandar Todorovic/iStockphoto:
S. 470-471, 471
Travel Ink/Getty Images: S. 232-233
Traveler1116/Getty Images: S. 336-337
Travelpix Ltd/Getty Images: S. 334-335
Cecile Treal and Jean-Michel Ruiz/Getty
Images: S. 366
Ben Twist/iStockphoto: S. 478
Michael Utech/iStockphoto: S. 360-361
UIG/Getty Images: S. 19
Andrés Valdaliso Martínez/Getty Images:
S. 346-347
Robert Van Der Hilst/Getty Images:
S. 117

Ariadne Van Zandbergen/Getty Images:
S. 82, 84-85, 286
Sandro Vannini/Corbis: S. 435
S. Vannini/De Agostini Picture Library:
S. 200-201, 207, 231, 456, 457
Ivan Vdovin/Getty Images: S. 63
Giulio Veggi/Archivio White Star: S. 91,
216-217, 217, 238-239, 240-241,
342 342-343, 358-359
Jão Vianna/Getty Images: S. 168-169
Steve Vidler/Getty Images: S. 481
Rainer von Brandis/iStockphoto: S. 112
Emil von Maltitz/Getty Images: S. 82-83
Taras Vyshnya/iStockphoto: S. 314-315
www.infinitahighway.com.br/Getty
Images: S. 394
Andrew Watson/Getty Images: S. 120
Vladimir Weiss/Getty Images: S. 178-179
Randy Wells/Getty Images: S. 151
Chris Willson/Alamy/Milestone Media:
S. 484
Jeremy Woodhouse/Getty Images:
S. 170-171, 396, 396-397
G. Wright/De Agostini Picture Library:
S. 324
Anna Yu/Getty Images: S. 410-411
Robert Zehetmayer/iStockphoto:
S. 196-197

Vorderseite Umschlag: Ayutthaya,
Thailand.
© Boonsom/iStockphoto

Rückseite Umschlag: Die Iguazú-
Wasserfälle, Brasilien.
© Alfio Garozzo/
Archivio White Star

AUTOR DER TEXTE

Elena Luraghi geboren in Mailand, begann nach ihrem Universitätsabschluss in Architektur für Frauen- und Architekturmagazine sowie für die bedeutendsten Design- und Reisezeitschriften zu arbeiten. Die Journalistin schreibt für das *Style-magazine* des "Corriere della Sera", *Marie Claire* und *In Viaggio* und verfasste bereits zahlreiche italienische und internationale Reportagen für die Tageszeitung "Il Giornale". Weiterhin ist sie für web-magazines wie Mondadori.com und ViaMichelin tätig und leitet seit Jahren die Bordzeitschrift der Fluggesellschaft Neos. Für Whitestar schrieb sie das Buch Yemen in der Reihe Grandangolo und ist Co-Autorin der bei Whitestar-National Geographic erschienenen Bände *52 Traumhafte Wochenendtrips* und *52 Traumreisen um die Welt*.

WS White Star Verlag®
ist eine eingetragene Marke von De Agostini Libri S.p.A.

© 2013 De Agostini Libri S.p.A.
Via G. da Verrazano, 15
28100 Novara, Italien
www.whitestar.it - www.deagostini.it

Übersetzung: Claudia Theis-Passaro
Redaktion Deutschland: Grafikhaus, München

ISBN 978-88-6312-164-3
2 3 4 5 6   18 17 16 15 14

Gedruckt in China